COMMENTAIRE

DE LA

LOI SUR LES LOYERS.

NOTA. — La Direction du *Moniteur de la Propriété* se met à la disposition de Messieurs les propriétaires et locataires pour leur donner verbalement tous renseignements relatifs aux declarations à faire avant le 1er juillet 1871.

COMMENTAIRE

THÉORIQUE ET PRATIQUE

DE LA

LOI SUR LES LOYERS

VOTÉE PAR L'ASSEMBLÉE NATIONALE

le 21 Avril 1871

PAR J. HEU, ANCIEN NOTAIRE

Directeur du Journal *le Moniteur de la Propriété.*

PRIX : 1 FRANC.

PARIS

COSSE, MARCHAL ET BILLARD, IMPRIMEURS-ÉDITEURS

Libraires de la Cour de Cassation

27, PLACE DAUPHINE, 27

ET DANS LES BUREAUX

du Journal **LE MONITEUR DE LA PROPRIÉTÉ**, rue Richelieu, 15

JUIN 1871.

Au moment où la loi sur les loyers a été discutée et votée
par l'Assemblée nationale, les troubles de Paris sévissaient
dans toute leur intensité. Cette loi avait été, il est vrai,
insérée au *Journal officiel* du mardi 9 mai 1871, mais le
journal ne pénétrait pas dans Paris, et d'un autre côté les
rigueurs de la Commune empêchaient les journaux sérieux,
qui paraissaient encore, de reproduire les délibérations de
l'Assemblée. Aussi les dispositions de la loi du 21 avril
étaient-elles à peu près inconnues de la plupart des habitants
de la capitale.

Bien que régulièrement promulguée le 9 mai par son inser-
tion au *Journal officiel*, l'exécution de la loi avait donc été
forcément suspendue par les tristes événements qui ont heureusement pris fin. Dès que le calme a été rétabli, chacun
s'est enquis de la loi, et, presque aussitôt, quelques organes
de la presse ont répandu le bruit que le Gouvernement était
dans l'intention de la modifier.

Pour lever les incertitudes, un honorable député de la
Seine, M. Tirard, qui, ainsi que ses collègues, avait reçu de
très-nombreuses demandes au sujet de la loi, s'est adressé
à M. le Garde des sceaux, ministre de la justice, afin de
connaître les intentions du Gouvernement. Dans la séance de
l'Assemblée du 15 juin courant, M. le ministre a répondu de
la manière suivante à la question posée par M. Tirard :

M. Dufaure, *garde des sceaux, ministre de la justice.* —
Messieurs, je remercie l'honorable préopinant d'avoir appelé

l'attention de l'Assemblée sur l'exécution d'une loi qu'elle a faite. Il est toujours bon pour des lois dont l'exécution doit avoir de la durée et peut présenter des difficultés imprévues à l'époque où elles ont été votées, que l'Assemblée, par les déclarations que nous portons à la tribune, assiste quotidiennement, pour ainsi dire, à cette exécution. (Très-bien! très-bien!)

Voici, messieurs, ce qui s'est passé relativement à votre loi des loyers.

Elle a éprouvé des retards qui ne dépendent ni de vous ni de nous. Vous aviez ordonné que l'exécution en commencerait dans les huit jours qui ont suivi sa promulgation; mais, à cette époque, Paris était encore sous l'empire de la dictature insurrectionnelle qui l'a dominé pendant deux mois et demi, et par conséquent l'exécution d'une loi, dont les effets se concentraient à Paris et dans sa banlieue, était absolument impossible.

Aussitôt que nous avons pu rentrer dans Paris, j'ai demandé à M. le procureur de la République de réunir les juges de paix sur l'autorité desquels, vous le savez, devait reposer toute la série des actes qui doivent constituer la pratique de la loi.

MM. les juges de paix, dont la plupart ont exercé leurs fonctions jusqu'aux jours les plus dangereux de l'insurrection et qui ne les ont laissés qu'à la dernière extrémité, et suivant les conseils d'une prudence à laquelle nul n'aurait résisté, les juges de paix n'étaient pas tous dans Paris; il a été nécessaire de les convoquer. Ils sont rentrés depuis huit jours, tous leurs siéges sont occupés, et, depuis huit jours, on s'est occupé des premières formalités à remplir.

Il s'est présenté une seconde difficulté : vous aviez ordonné que les juges de paix prépareraient deux listes, l'une de propriétaires, l'autre de locataires, sur lesquelles les présidents des tribunaux civil et de commerce choisiraient cent noms de locataires et de propriétaires, parmi lesquels on tirerait au sort les commissions arbitrales.

Dans plusieurs arrondissements de Paris, à raison de l'absence des propriétaires qui avaient quitté Paris pendant l'insurrection, les juges de paix n'ont pas pu former une liste de 150 noms que nous leur demandions; du moins, ils ne l'avaient pas pu, il y a trois jours, lorsque je suis allé à Paris. J'ai des raisons de croire que cette opération est terminée aujourd'hui.

Ces listes présentées, MM. les présidents du tribunal civil et du tribunal de commerce étaient tout prêts à choisir les cent noms de propriétaires et de locataires, et j'espère que, dans les premiers jours de la semaine prochaine toutes les commissions arbitrales seront composées.

Il y a, messieurs, une autre difficulté et qui a été justement signalée par l'orateur qui descend de cette tribune.

Les lois, en effet, pendant le siége de Paris, ont été absolument ignorée de la population parisienne. La dictature a été assez habile pour empêcher que rien de ce qui se passait à Versailles ne pénétrât dans les murs de Paris, et si on en a entendu parler, c'est sous des apparences si fausses, si mensongères, que la population parisienne n'a pas connu ce que vous avez fait pour elle. Sur ma demande, M. le préfet de la Seine a eu la bonté, depuis deux jours, de faire placarder sur tous les murs de Paris des exemplaires de votre loi, qui la font connaître à toute la population. (Très-bien! très-bien!)

Voilà ce qu'on a pu faire jusqu'au moment où je vous parle.

J'espére que maintenant l'exécution se suivra sans interruption.

Quant à des modifications à apporter à la loi, soit dans le sens de l'amendement de M. Mortimer-Ternaux, soit dans un autre sens qui m'était indiqué par nos honorables collègues, MM. de Rémusat et Bethmont, pour soumettre le terme de juillet à l'examen des commissions arbitrales, je demande à l'Assemblée de me permettre de voir, de mes propres yeux, dans ses détails, l'exécution que recevra la loi, et je dois vous déclarer, messieurs, que si je puis éviter d'y apporter aucune modification, je ne viendrai pas vous en proposer. (Nombreuses marques d'approbation.)

De nombreuses affiches portant la date du 15 juin et la signature de M. Léon Say, préfet de la Seine ont été, en effet, apposées sur tous les murs de Paris, en sorte qu'à l'heure présente la majeure partie de la population parisienne connaît *au moins* le texte de la loi du 21 avril.

On voit, par les paroles de M. le ministre de la justice « que l'exécution va s'en suivre sans interruption. » Quant à des modifications dont le bruit avait circulé, notamment pour soumettre le terme de juillet à l'examen des commissions arbitrales, nous appelons l'attention de nos lecteurs sur les derniers mots des explications du ministre : « Je demande à l'Assemblée de me permettre de voir, de mes propres yeux, dans, ses détails, l'exécution que recevra la loi, *et je dois vous déclarer, messieurs, que si je puis éviter d'y apporter aucune modification, je ne viendrai pas vous en proposer.* »

Il faut donc prendre la loi telle qu'elle existe et chercher à bien se pénétrer de ses dispositions. En l'étudiant avec toute l'attention possible nous avons cru découvrir quelques lacunes et des difficultés d'application. C'est le résultat consciencieux de nos recherches et de nos études que nous livrons au public dans la présente brochure, et nous nous trouverons heureux si ce faible travail peut lui être de quelque utilité.

J. H.

LOI SUR LES LOYERS

promulguée le 9 mai 1871.

ART. 1ᵉʳ. — Dans les huit jours qui suivront la promulgation de la présente loi, il sera institué, dans chacun des quartiers municipaux de Paris et dans les cantons du département de la Seine, un ou plusieurs jurys spéciaux, sous la présidence du juge de paix ou de l'un de ses suppléants, ou d'une autre personne désignée par le Président du Tribunal civil.

Si, pour l'expédition des affaires, la subdivision du quartier ou du canton paraît nécessaire : il y sera pourvu par un décret du chef du pouvoir exécutif, qui déterminera les limites de chacune des sections.

Les jurys spéciaux seront composés, outre le président, de quatre membres, savoir :

Deux propriétaires d'immeubles et deux locataires.

ART. 2. — Immédiatement après la promulgation de la loi, il sera dressé, sur la présentation des juges de paix des vingt arrondissements de Paris et des cantons du département de la Seine, par les soins du président du tribunal civil et du président du tribunal de commerce conjointement, pour chaque arrondissement municipal et pour chaque canton, deux listes contenant l'une les noms de cent propriétaires, l'autre les noms de cent locataires.

Sur ces listes, le juge de paix, en audience publique, tirera au sort les noms des propriétaires et locataires appelés à former avec lui, ses suppléants ou les personnes désignées par le président du tribunal civil, les jurys spéciaux.

Lesdits membres seront désignés pour une session de trois jours au plus ; néanmoins toute affaire commencée devra être jugée par le jury devant lequel elle aura été portée.

En cas de refus non justifié, le juré non comparant sera condamné par le président du jury à une amende de cinq cents francs. Tout juré qui aura fait le service pour une session sera dispensé, sur sa demande, pour la session suivante.

Art. 3. — Les séances seront publiques. Les parties auront la faculté de comparaître en personne ou par mandataires ; elles ne pourront, en tout cas, présenter que de simples observations ou conclusions sans procédure ni plaidoirie.

Art. 4. — Chacun des jurys spéciaux, dans la circonscription pour laquelle il aura été institué, aura seul compétence à l'exclusion de toute autre juridiction, à l'effet de statuer conformément aux articles suivants, sommairement comme amiable compositeur, d'une manière définitive et sans appel, sur toutes les contestations entre propriétaires et locataires, relatives aux loyers restant dus pour les termes échus du 1er octobre 1870 jusqu'au 1er avril 1871.

Les parties ne pourront se pourvoir en cassation que pour incompétence ou excès de pouvoir.

Le délai sera de quinze jours, à partir de la notification de la décision, pour ce recours qui sera formé, notifié, jugé conformément aux prescriptions de l'article 20 de la loi du 3 mai 1841 sur l'expropriation, et dispensé d'amende.

Lorsqu'une décision aura été cassée, l'affaire sera renvoyée devant un nouveau jury des mêmes quartier, canton ou subdivision. Ce jury sera composé d'autres membres.

L'opposition contre les décisions des jurys spéciaux rendues par défaut sera formée et admise conformément aux articles 20, 21 et 22 du Code de procédure civile.

Art. 5. — Les jurys spéciaux auront la faculté d'accorder sur le prix des trois termes de loyers ci-dessus, quelle que soit la nature des locations, des réductions proportionnelles au temps pendant lequel les locataires auront été privés matériellement de la jouissance de tout ou partie des lieux loués.

Si les locations ont un caractère industriel ou commercial, ils pourront accorder des réductions proportionnelles au temps pendant lequel les locataires auront subi, par suite des événements du siége, une privation ou une diminution dans la jouissance industrielle ou commerciale prévue par les parties.

Lorsqu'il n'y aura eu ni diminution, ni altération de jouissance, ils ne pourront accorder que des délais.

Les délais accordés par les jurys spéciaux n'excéderont pas deux ans, à moins que la location faite par écrit ne doive prendre fin qu'après un laps de plus de deux années. Dans ce dernier cas, les délais pourront être étendus à une durée égale à celle de la location, mais les sommes restant dues au-delà du terme de deux années, seront de droit productives d'intérêt au taux de 5 0/0 l'an.

Les payements différés pourront être divisés en fractions exigibles à diverses échéances consécutives et réglés en billets à ordre correspondant à ces échéances. Ces billets n'opéreront pas novation et le propriétaire conservera son privilége sur les meubles garnissant les lieux loués.

Art. 6. — Les jurys spéciaux pourront limiter l'exercice du privilége ou les droits et actions du propriétaire sur une partie déterminée et suffisante du mobilier garnissant les lieux loués et servant de gage spécial à sa créance.

Si le locataire quitte les lieux loués avant le complet payement des termes encore dus, sans fournir une caution jugée suffisante par le juge de paix, le propriétaire pourra réaliser le gage affecté à sa créance.

Art. 7. — A défaut de se libérer de l'une des fractions exigibles à l'échéance réglée par les jurys spéciaux, et après quinze jours de retard, le locataire perdra le bénéfice des termes qui lui auront été accordés ; le bail sera résilié de plein droit au profit du propriétaire, qui pourra, s'il veut se prévaloir de cette résiliation, réaliser le gage conformément au droit commun, et rentrer en possession des lieux loués, en vertu d'une simple ordonnance de référé, que le bail soit authentique, privé ou purement verbal.

Art. 8. — Dans le cas où le département de la Seine, qui y est d'avance autorisé, consentirait à payer à tous les propriétaires de logements dont le prix annuel est de

six cents francs ou moins , le tiers de ce qui leur restera
dû, par les locataires sur les termes échus en octobre 1870,
janvier et avril 1871 , sous la double condition que les
propriétaires donneront quittance définitive du surplus
et maintiendront leurs locataires en possession pour le
terme d'avril à juillet prochain, l'Etat participera pour
un tiers à ces payements, sans que cette participation
puisse dépasser dix millions de francs.

Les locataires qui auront profité du bénéfice du paragraphe précédent devront acquitter exactement le montant du terme de juillet 1871 à son échéance, sous peine
d'expulsion sans congé préalable et sur simple ordre du
juge de paix.

Les propriétaires ou locataires qui feraient de fausses
déclarations dans le but d'obtenir ou de faire obtenir une
indemnité supérieure à celle à laquelle les propriétaires
auront droit, seront poursuivis devant les tribunaux correctionnels et passibles des peines portées à l'article 405
du Code pénal. L'article 463 du Code pénal sera applicable.

Les propriétaires qui n'accepteraient pas ce règlement
devront porter leurs réclamations devant les jurys spéciaux , conformément aux articles précédents.

Art. 9. — Les contestations relatives à la résiliation
des baux par l'effet de la force majeure, seront portées
devant les tribunaux ordinaires.

Néanmoins, les parties intéressées qui auront saisi les
jurys spéciaux de la question d'indemnité pourront, si
elles sont d'accord , donner à ces jurys, par voie d'extension de leur compétence, le droit de statuer sur la résiliation du contrat de louage.

Art. 10. — Les locataires qui n'auront pas réclamé

le bénéfice de la présente loi avant le 1er juillet 1871 , par une déclaration au greffe de la justice de paix de leur arrondissement ou canton, seront tenus au payement total de leurs loyers.

Les propriétaires qui, dans le même délai, n'auront pas saisi le jury spécial de leur demande, conformément au dernier paragraphe de l'article 8, seront réputés avoir accepté le règlement déterminé par les deux premiers paragraphes du même article.

Art. 11. — Les actes de procédure et les sentences auxquelles donnera lieu l'exécution de la présente loi seront visés pour timbre et enregistrés gratis.

Délibéré en séance publique, à Versailles, le vingt et un avril mil huit cent soixante et onze.

Le Président,

Signé : JULES GRÉVY.

Les Secrétaires,

Signé : PAUL BETHMONT, PAUL DE RÉMUSAT, vicomte DE MEAUX, N. JOHNSTON, CASTELLANE.

Le Président du conseil des ministres,
Chef du pouvoir exécutif de la
République française,

A. THIERS.

COMMENTAIRE

LOI SUR LES LOYERS.

Art. 1er. — Dans les huit jours qui suivront la promulgation de la présente loi, il sera institué, dans chacun des quartiers municipaux de Paris et dans les cantons du département de la Seine, un ou plusieurs jurys spéciaux, sous la présidence du juge de paix ou de l'un de ses suppléants, ou d'une autre personne désignée par le Président du Tribunal civil.

Si, pour l'expédition des affaires, la subdivision du quartier ou du canton paraît nécessaire, il y sera pourvu par un décret du chef du pouvoir exécutif, qui déterminera les limites de chacune des sections.

Les jurys spéciaux seront composés, outre le président, de quatre membres, savoir :

Deux propriétaires d'immeubles et deux locataires.

Art. 2. — Immédiatement après la promulgation de la loi, il sera dressé, sur la présentation des juges de paix des vingt arrondissements de Paris et des cantons du département de la Seine, par les soins du président du tribunal civil et du président du tribunal de com-

merce conjointement, pour chaque arrondissement municipal et pour chaque canton, deux listes contenant l'une
les noms de cent propriétaires, l'autre les noms de cent
locataires.

Sur ces listes, le juge de paix, en audience publique,
tirera au sort les noms des propriétaires et locataires
appelés à former avec lui, ses suppléants ou les personnes désignées par le président du tribunal civil, les
jurys spéciaux.

Lesdits membres seront désignés pour une session de
trois jours au plus; néanmoins toute affaire commencée
devra être jugée par le jury devant lequel elle aura été
portée.

En cas de refus non justifié, le juré non comparant
sera condamné par le président du jury à une amende de
cinq cents francs. Tout juré qui aura fait le service pour
une session sera dispensé, sur sa demande, pour la session suivante.

SOMMAIRE.

I.   Date de la promulgation de la loi. Elle ne s'applique qu'au département de la Seine. Les troubles de Paris en ont suspendu l'exécution.
II.   Le juge de paix et ses suppléants seront *de droit* présidents de
l'un des jurys. Les autres présidents devront-ils être renouvelés
pour chaque nouveau jury ?
III   La loi n'assujétit les jurés à aucune condition d'âge, de domicile
ou de capacité.
IV.   Des jurés supplémentaires.
V.   Dans quelle condition les jurés sont rééligibles ? Le juge de paix
pourrait-il faire, à la même audience, le tirage des jurys pour
deux ou plusieurs sessions consécutives ?

Art. 1 et 2.   I. — La loi que nous examinons, votée par l'Assemblée
nationale le 24 avril 1871, a été insérée au *Journal officiel*
du mardi 9 mai suivant; c'est donc de ce jour que date sa
promulgation. Mais les troubles survenus à Paris en ont forcément suspendu l'exécution. Nous avions pensé que quelques-

uns des délais, fixés par cette loi, seraient renouvelés et prorogés. Mais des affiches portant la date du 15 juin 1871 et la signature de M. le Préfet de la Seine, apposées dans tout Paris et le département de la Seine, donnent le texte de la loi. Cette publication et les paroles de M. le ministre de la justice à la séance de l'Assemblée du 15 juin, que nous reproduisons dans notre préface, indiquent suffisamment qu'elle va recevoir une application immédiate.

On voit, du reste, que la loi ne s'applique qu'au département de la Seine. La situation, faite à Paris et aux communes de la Seine par les malheureux événements du siége, explique et justifie cette exception. Toutefois, certaines communes de Seine-et-Oise, limitrophes du département de la Seine, ont partagé le sort de leurs voisines, et peut-être eût-il été équitable de les faire profiter du bénéfice de la loi. Si le désir de limiter les dérogations au droit commun en a fait restreindre l'application, il est à croire que les tribunaux ordinaires s'inspireront de son esprit pour user, en faveur des locataires de ces pays, dans une mesure aussi large que possible, des droits que leur accorde l'art. 1244 du Code civil.

II. — De la combinaison des art. 1 et 2, il nous semble résulter que le juge de paix et ses suppléants seront *de droit* présidents de l'un des jurys institués dans les quartiers municipaux de leur arrondissement ou dans leur canton, et que ce n'est *qu'à leur défaut*, ou pour compléter un nombre de présidents égal à celui des jurys, que le président du tribunal civil devra désigner d'autres personnes.

Ainsi, chaque arrondissement de Paris étant divisé en quatre quartiers municipaux, il faudra quatre présidents, et même plus, dans le cas prévu par le § 2 de l'art. 1er. Le juge de paix et ses deux suppléants présideront chacun un jury. Le président du tribunal civil aurait donc au moins une personne à désigner par chaque arrondissement.

Un point qui peut paraître douteux est celui de savoir si les personnes désignées par le président du tribunal civil n'auront la présidence que pour une session de trois jours, et s'il y aura lieu, pour chaque nouveau jury, de procéder à une nouvelle nomination, ou si, au contraire, les personnes nommées présideront successivement les nouveaux jurys jusqu'à la fin de la mission de ces derniers.

Nous pensons qu'à la condition d'être désignés pour présider tour à tour l'un des jurys qui se succéderont dans tel arrondissement, les présidents, une fois nommés, le seront valablement pour toutes les sessions. En effet, rien dans la loi ne s'oppose à ce que le président du tribunal civil choisisse indéfiniment la même personne ; pourquoi, dès lors, des nominations successives ? D'ailleurs, les juges de paix et leurs suppléants présideront consécutivement chaque jury qui sera institué : N'y a-t-il pas, dans l'espèce, une raison d'analogie.

III. — Pour figurer sur les listes du jury, la loi n'a fixé aucune condition d'âge, de domicile ou de capacité. La solution de ces questions est donc laissée à l'entière appréciation des présidents des tribunaux civil et de commerce.

Cependant comme les jurys institués par la présente loi ont quelques points de ressemblance avec les jurys spéciaux chargés de régler les indemnités sur les expropriations, nous pensons que les dispositions de la loi du 3 mai 1841 pourraient aider à suppléer, dans bien des cas, aux lacunes de la loi que nous commentons.

IV. — Probablement à cause de la courte durée de chaque session, nos articles ne prescrivent pas la nomination de jurés supplémentaires. Nous ferons observer, cependant, que la présence de tous les membres étant nécessaire pour la validité des délibérations (ce qui s'induit du silence de la loi et de la composition même du jury), un empêchement, sans parler des incompatibilités, puisque la loi est muette à cet égard, pourra empêcher un jury valablement convoqué de se constituer et de siéger, inconvénient que la nomination de jurés supplémentaires eût évité aux juges présents et aux parties appelées à comparaître.

V. — Tout juré qui aura fait le service d'une session ne devant être dispensé, pour la session suivante, *que s'il en fait la demande* (art. 2, dernier §), il faut en conclure que les membres du jury sont, comme les présidents élus, indéfiniment rééligibles. Mais, à la différence de ces derniers qui, selon nous, peuvent être nommés, une fois pour toutes, par le président du tribunal civil, le tirage au sort des jurés doit être renouvelé pour chaque session, et le juge de paix ne pourrait faire le tirage à la même audience pour deux sessions successives. En effet, les jurés, dit l'art. 2, « seront désignés pour une session de trois jours, » ils doivent donc, au bout de ce temps, être renouvelés, et comme chaque juré a le droit, après une session, de se récuser pour la suivante, il est logique et régulier d'attendre qu'une session soit terminée pour tirer au sort les jurés de la session qui vient ensuite. Ajoutons encore qu'un juré peut se dispenser pour deux sessions consécutives, mais non pour la troisième, en d'autres termes, il peut être appelé à plusieurs sessions à la condition, s'il en fait la demande, de pouvoir, sur trois sessions, se récuser pour la deuxième. Il nous paraît pratiquement impossible, pour concilier ces textes, de procéder, à la même audience, au tirage des jurés pour deux ou plusieurs sessions consécutives sans tomber dans la confusion.

Art. 3. — Les séances seront publiques. Les parties auront la faculté de comparaître en personne ou par mandataires ; elles ne pourront, en tout cas, présenter que de simples observations ou conclusions sans procédure ni plaidoirie.

Art. 4. — Chacun des jurys spéciaux dans la circonscription pour laquelle il aura été institué, aura seul compétence à l'exclusion de toute autre juridiction, à l'effet de statuer conformément aux articles suivants, sommairement comme amiable compositeur, d'une manière définitive et sans appel, sur toutes les contestations entre propriétaires et locataires, relatives aux loyers restant dus pour les termes échus du 1er octobre 1870 jusqu'au 1er avril 1871.

Les parties ne pourront se pourvoir en cassation que pour incompétence ou excès de pouvoir.

Le délai sera de quinze jours, à partir de la notification de la décision, pour ce recours qui sera formé, notifié, jugé conformément aux prescriptions de l'article 20 de la loi du 3 mai 1841 sur l'expropriation, et dispensé d'amende.

Lorsqu'une décision aura été cassée, l'affaire sera renvoyée devant un nouveau jury des mêmes quartier, canton ou subdivision. Ce jury sera composé d'autres membres.

L'opposition contre les décisions des jurys spéciaux rendues par défaut sera formée et admise conformément aux articles 20, 21 et 22 du code de procédure civile.

SOMMAIRE.

I.   Plan des matières : 1° suivant la loi, 2° pour l'explication des articles.
II.   Caractère des jurys. Qu'est-ce qu'un amiable compositeur ? Etendue de ses droits, nature de ses décisions.
III.   Du rôle assigné aux juges de paix par la présente loi. Conséquences.
IV.   Attributions et compétence des jurys. Leur étendue.
V.   Les décisions des jurys sont-elles susceptibles d'appel, de pourvoi en cassation, d'opposition en nullité ?
VI.   Le préliminaire de conciliation n'est pas applicable aux demandes qui sont de la compétence des jurys spéciaux.
VII.   Capacité requise des parties pour ester devant les jurys.
VIII.   De cette capacité au point de vue de la réduction et du règlement d'indemnité prévu par l'art. 8. Disposition de la loi du 3 mai 1841 (art. 13).
IX.   Règles de la procédure applicables aux jurys spéciaux. Citation des parties, tenue des audiences, prononcé des jugements, etc.
X.   De la récusation.
XI.   Procédure pour le recours en cassation.
XII.   Exécution des décisions des jurys.
XIII.   Les jurys seront-ils assistés de greffiers ? Dans ce cas comment seront-ils nommés et rétribués ?
XIV.   Du jury compétent pour connaître de la contestation.
XV.   Des principaux locataires et de leurs sous-locataires.

Art. 3 et 4.   I. — La loi ne présente pas bien logiquement le plan des matières dont elle s'occupe dans ces deux articles. Ainsi l'article 3 commence à parler de la procédure, le § 1er de l'article 4 traite de la compétence et des attributions des jurys, et puis tous les autres paragraphes de ce dernier article reviennent à la procédure.

Pour la clarté des explications, nous examinerons successivement :

Le caractère des jurys, leurs attributions, leur compétence ; le rôle des juges de paix et de leurs suppléants ;

La capacité requise des parties pour ester devant les jurys ;

Et enfin les règles de procédure applicables à ces tribunaux.

II. — Quel est le caractère des jurys ? Il se trouve, selon nous nettement défini dans l'article 4 : « Chacun des jurys spéciaux... aura seul compétence à l'effet de statuer sommairement comme *amiable compositeur*. » Les jurés ne sont donc ni plus ni moins que des amiables compositeurs ; seulement au lieu de tenir leur mission des parties, ils sont désignés par des règles particulières, mais ceci ne change rien à leur caractère qui est celui d'amiables compositeurs siégeant en tribunal.

Et tout d'abord qu'est-ce qu'un amiable compositeur ? C'est un arbitre, ayant, si l'on veut, des prérogatives particulières, mais c'est un arbitre qui a qualité pour trancher le différent soumis à son appréciation et pour rendre un jugement ou sentence arbitrale.

L'amiable compositeur est, disons-nous, un arbitre ayant des prérogatives spéciales : il est, en effet, dispensé pour ses décisions de s'astreindre aux règles du droit (art. 1019 C. pr.) ; il peut tempérer la rigueur de la loi, écouter l'équité naturelle, et prononcer, *ex æquo et bono*, d'une manière amicale entre les parties. Les amiables compositeurs ne sont, en réalité, suivant la définition de Merlin, que des mandataires préposés pour terminer, par une transaction équitable, les différents soumis à leur examen.

Une jurisprudence à peu près constante leur reconnait aussi la faculté de s'affranchir des formes de la procédure. On a jugé notamment qu'ils étaient dispensés de motiver leurs sentences (Bordeaux, 28 novembre 1835); qu'ils pouvaient, sans ordonner une enquête, entendre d'office des témoins.

Mais si l'amiable compositeur a plus de latitude que l'arbitre ordinaire en ce qu'il n'est pas tenu de se confiner dans les limites du droit et de la procédure, il ne s'en suit pas que ses décisions soient d'une autre nature que celles de l'arbitre ordinaire. Or, pour les affaires qui lui sont soumises, tout arbitre est un juge, ses décisions sont des jugements. Seulement ces jugements n'ont point par eux-mêmes la force exécutoire, et nous verrons plus loin quelles formalités il faut remplir pour la leur donner.

III. — Une question qui se pose ici naturellement est celle de savoir quel est le caractère assigné aux juges de paix par la présente loi. Est-ce une attribution nouvelle ou rentre-t-elle, au contraire, dans leurs fonctions habituelles ?

On sait que le juge de paix, dans notre législation, remplit un double rôle, celui de juge conciliateur et celui de juge ayant juridiction.

Le juge de paix, en conciliation, écoute les explications des parties, il s'efforce de rapprocher les adversaires; mais quelle que soit sa conviction, il ne peut donner gain de cause à l'un plutôt qu'à l'autre; il n'a pas droit, en un mot, de rendre de décision. Si les parties se concilient, le procès-verbal de conciliation contient les conditions de l'arrangement, mais ce procès-verbal n'a que la force d'une obligation privée et non d'un jugement (art. 54 C. pr.)

Au tribunal de conciliation le juge de paix n'est pas un juge: il n'est pas davantage un amiable compositeur, car ce dernier tranche le différent, c'est un juge.

Les pouvoirs du juge de paix comme amiable compositeur sont donc plus étendus que ceux du juge conciliateur, puisque la conciliation ne peut s'opérer sans le consentement réciproque des parties, tandis que l'amiable composition emporte le droit de vider la contestation, qu'il y ait ou non accord entre les adversaires; mais ils sont moins étendus que ceux du juge ayant juridiction, en ce sens que les jugements de l'amiable compositeur n'ont point par eux-mêmes la force exécutoire.

Ce fait que l'arbitre soit ordinaire, soit amiable compositeur est un juge rendant des jugements, a fait naître une question très-délicate, celle de savoir si un tribunal, et conséquemment un juge de paix qui, à lui seul est un tribunal, pouvait être choisi comme arbitre ordinaire ou amiable compositeur.

Par arrêt du 30 août 1813, confirmant un arrêt de la Cour d'appel de Paris du 2 janvier précédent, la Cour de Casssation a décidé la négative. La plupart des auteurs ont adopté cette décision. (Bellot, n° 116 ; Vatimesnil, n° 165 ; Mongalvy, n° 125.)

Du moment donc où les juges de paix statuent comme amiables compositeurs, ils abdiquent par là même leur rôle de juges ordinaires. « Autrement, comme le fait observer Merlin, il y aurait également, dans les mêmes personnes, non-seulement cumul de la qualité permanente de juge et de la qualité passagère d'arbitre, mais encore exercice actuel et simultané des fonctions attachées à chacune de ces qualités, et par conséquent de fonctions qui s'excluent réciproquement. » Cette pensée n'est que la reproduction d'un des considérants de la Cour d'appel de Paris, dont la Cour suprême s'est emparée dans l'arrêt cité plus haut :

« Les premiers juges ayant, tout à la fois, prononcé transactionnellement par amiable composition et dans les formes exclusives des tribunaux, ont cumulé des fonctions incompatibles et statué par un acte irrégulier qui n'offre ni les caractères d'une décision arbitrale ni ceux d'un jugement. »

Aussi, ceux même des auteurs qui sont partisans de l'aptitude du juge de paix à être arbitre rejettent-ils formellement l'idée de l'exercice simultané des deux fonctions. Carré, notamment, qui admet cette aptitude (lois de procédure, n° 2360), ajoute, avec raison, que dans le cas où un compromis nomme un juge de paix comme arbitre, puisque ce juge compose à lui tout seul le tribunal, ce compromis dessaisit le juge comme juge de la loi, en sorte que ce n'est plus qu'un homme privé.

La doctrine et la jurisprudence sont donc unanimes pour décider qu'il y a incompatibilité manifeste entre les deux fonctions, et cela par la raison bien simple que chacune d'elles a des règles particulières et qui s'excluent réciproquement.

La conclusion qui, pour nous, se dégage de ces explications est celle-ci :

En appelant les juges de paix et leurs suppléants à présider les jurys d'amiables compositeurs, la loi n'a pas voulu leur donner un caractère autre que celui des jurés ; conséquemment les juges de paix ont ici une attribution nouvelle, ils dépouillent leur qualité de juges ordinaires pour prendre celle de juges amiables compositeurs. A ce titre, ils jouiront des pouvoirs que l'on reconnaît à ces derniers de s'affranchir des règles du droit et de la procédure, mais, par contre, les jugements auxquels ils participeront ne tireront pas, du fait de leur présidence, la force exécutoire; ce seront exclusivement des jugements d'arbitres ou sentences arbitrales.

IV. — **Les attributions et la compétence des jurys sont nettement déterminées par l'art. 4.**

Quant aux attributions, elles consistent à statuer sur toutes les contestations entre propriétaires et locataires *relatives aux loyers restant dus pour les termes échus du 1er octobre 1870 jusqu'au 1er avril 1871*, et accessoirement, si les parties sont d'accord, sur la résiliation du contrat de louage (art. 9).

Pour les contestations relatives aux loyers des trois termes d'octobre 1870, janvier et avril 1871, les jurys auront *seuls* compétence, *à l'exclusion de toute autre juridiction*. Si donc une contestation s'ouvrait pour des loyers antérieurs au terme d'octobre 1870, le propriétaire ou le locataire ne pourraient incidemment rattacher à cette contestation ce qui aurait trait aux loyers depuis le terme d'octobre, pour faire juger le tout par une juridiction autre que celle des jurys spéciaux. De même ces jurys ne pourraient incidemment connaître des contestations relatives aux loyers antérieurs à octobre 1870, ou postérieurs à avril 1871.

On remarquera aussi que les attributions des jurys se bornent *aux contestations relatives aux loyers*. Ainsi (sauf l'exception éventuelle de l'art. 9), tous autres différents entre propriétaires et locataires relatifs à l'exécution des baux devront être portés devant les tribunaux ordinaires suivant leur compétence. Tels seront, par exemple, les congés, les expulsions de lieux, les demandes en validité de saisie-gagerie, etc.

— Dans le cercle d'attributions tracé par la loi, la compétence des jurys spéciaux est illimitée. Que le bail soit écrit ou verbal, qu'il soit au mois, au jour ou à l'année, que la somme soit très-forte ou très-modique, du moment où la contestation portera sur tout ou partie des loyers d'octobre 1870, janvier ou avril 1871, les jurys seront compétents. Notons aussi que, la loi ne distinguant pas, la compétence s'applique non-seulement aux baux de biens immeubles, mais aux baux de biens meubles et spécialement à ceux dont parle l'art. 1757 du Code civil.

V. — Les jurys statueront « d'une manière définitive et sans appel. Les parties ne pourront se pourvoir en cassation que pour incompétence ou excès de pouvoir. »

Ces dispositions de l'art. 4 tranchent une question controversée, celle de savoir si les décisions, rendues par les arbitres amiables compositeurs, sont ou non susceptibles de recours par les voies ordinaires. On est généralement d'accord pour admettre la négative. « L'attribution du dernier ressort, dit Dalloz, résulte virtuellement de ce que les arbitres amiables compositeurs ne sont pas astreints aux règles du droit. Autrement, leurs décisions seraient exposées à une réformation presque certaine, puisque le tribunal, à qui l'appel serait dévolu, serait, lui, tenu de se conformer à la loi. La conséquence nous paraît forcée. Sans la juridiction en dernier ressort, l'amiable composition n'est qu'un non-sens.

Ces expressions, d'ailleurs, impliquent l'idée d'un jugement d'équité, d'une sorte de transaction irréformable, non-seulement par voie d'appel, mais encore par celle de cassation. »

Par les mêmes motifs, l'opposition en nullité, admise contre l'ordonnance d'exécution des jugements arbitraux par l'art. 1028 du Code de procédure, est considérée comme inapplicable aux sentences arbitrales rendues par les amiables compositeurs, si ce n'est, toutefois, en cas d'excès de pouvoirs, de dol ou de vices touchant à l'ordre public.

VI. — Il est à peine nécessaire de faire observer que toutes les causes, dont la connaissance appartiendra aux jurys spéciaux, seront, *de droit*, dispensées du préliminaire de conciliation. Il s'agit en effet, ici, de tribunaux exceptionnels, et les prescriptions de la loi du 2 mai 1855 ne sont applicables qu'aux tribunaux ordinaires. Si d'ailleurs le moindre doute existait à cet égard, les termes de l'art. 4 qui donnent compétence aux jurys, *à l'exclusion de toute autre juridiction*, suffiraient pour le lever.

VII. — Il n'est rien dit dans la loi nouvelle, quant à la capacité requise pour ester devant les jurys spéciaux. On reste donc, à cet égard, sous l'empire du droit commun.

Il suffit d'avoir l'administration de la chose pour pouvoir en faire bail et à plus forte raison pour recevoir les loyers. Ainsi, la femme séparée de biens, ou celle qui, sans être séparée, a l'administration de ses biens en vertu d'une clause de son contrat de mariage, le mineur émancipé, celui qui est pourvu d'un conseil judiciaire, peuvent recevoir et dès lors former une demande en paiement de loyers ou y répondre, sans avoir pour cela besoin de l'autorisation de leur mari, curateur et conseil. — De même pour celles de ces personnes qui ont pris à bail.

VIII. — Tant qu'il s'agit de régler les loyers, de les recevoir ou de les payer, soit à l'amiable, soit en justice, on fait acte d'administration pure et simple ; nulle difficulté. Il n'en existe pas non plus s'il s'agit d'accepter une remise de loyers, chacun, même un incapable, ayant toujours le droit de rendre sa condition meilleure. Mais s'il y a lieu à réduction de loyers dans les cas prévus par les art. 5 et 8 de la présente loi, les personnes dénommées ci-dessus et tous les représentants d'incapables auront-ils les mêmes droits que pour toucher ?

Il nous semble qu'il faut distinguer. Si, sur une contestation portée devant les jurys spéciaux, le locataire demande une remise ou réduction de loyers, dans les cas prévus par l'art. 5, toute personne investie du droit d'administration pourra, sur cette demande, présenter ses conclusions et observations comme le veut l'art. 3 ; mais là devra se borner son action, et pour le surplus, elle devra s'en rapporter purement et simplement à justice. Tout consentement à la réduction constituerait de sa part une remise de dette ou transaction que les représentants d'incapables, les femmes séparées, les mineurs émancipés et les pourvus de conseil judiciaire, ne peuvent faire sans autorisation spéciale.

Aussi, par cette raison, ne pourront-ils, à notre avis, accepter le règlement d'indemnité de l'art. 8 sans être pourvus des autorisations légalement requises pour chacun d'eux. Il faut, en effet, d'après cet article, que le propriétaire, en recevant du département de la Seine, fasse remise des deux tiers des loyers restant dûs ; c'est une transaction qui sort des bornes de la simple administration.

Peut-être eût-il été bon, afin d'éviter des frais, des pertes de temps et des embarras, d'appliquer, dans l'espèce, la disposition de l'art. 13 de la loi sur les expropriations qui, pour des actes en dehors de l'administration ordinaire, autorise tous représentants des incapables à agir avec une autorisation du tribunal civil, donnée sur simple requête, en la Chambre du conseil, le ministère public entendu.

— Il faut décider également que le mandataire dont la procuration ne contiendrait que les pouvoirs de toucher les loyers, sans ceux de traiter, transiger ou compromettre sur lesdits loyers, ne pourrait régulièrement, avec cette procuration, accepter le règlement d'indemnité de l'art. 8.

IX. — Le texte de nos articles est on ne peut plus bref sur

la procédure à suivre devant les jurys. Essayons, en quelques mots, de la préciser, en complétant les lacunes.

Nous avons vu que les jurys étaient des tribunaux d'arbitres amiables compositeurs ; ce sont donc les règles de la procédure sur l'arbitrage qui leur sont applicables. Or, voici ce que dit l'art. 1009 du Code de procédure :

« Les parties et les arbitres suivront, dans la procédure, les délais et les formes établis pour les tribunaux, si les parties n'en sont autrement convenues. »

D'un autre côté, l'article 3 de notre loi stipule que « les parties auront la faculté de comparaître en personne ou par mandataire ; elles ne pourront, en tout cas, *présenter que de simples observations ou conclusions, sans procédure ni plaidoirie.* »

Et l'art. 4 ajoute que chacun des jurys spéciaux devra statuer « *sommairement*, comme amiable compositeur. »

Enfin il résulte de l'art. 1019 C. pr. et de la jurisprudence que les amiables compositeurs ne sont pas tenus, pour leurs décisions, de suivre les règles du droit et de la procédure.

Du rapprochement de ces dispositions, il ressort que, pour *l'instruction* et *la décision* des affaires, les jurys spéciaux amiables compositeurs pourront se dispenser d'observer les règles de la procédure, qu'ils devront, en tout cas, statuer *sommairement*, c'est-à-dire comme en matière sommaire (art. 405 et suiv. C. pr.), après que les parties auront présenté de simples observations ou conclusions sans procédure ni plaidoiries.

Quant au reste de la procédure, et notamment en ce qui concerne : 1° la citation des parties, 2° la tenue et la police des audiences, 3° les règles à suivre pour le prononcé des jugements, etc., l'art. 1009 cité plus haut trouvera son application.

Notons ici la disposition du dernier § de l'article 4 :

« L'opposition contre les décisions des jurys spéciaux rendues par défaut, sera formée et admise conformément aux articles 20, 21 et 22 du code de procédure civile. »

Comme d'après l'article 20, la partie condamnée peut former opposition dans les trois jours de la signification faite par huissier, outre le délai pour la citation, c'est ici l'un des cas où le jury qui aura connu de l'affaire sera forcément appelé a siéger à nouveau, après sa session de trois jours.

X. — Que faut-il décider pour la récusation? Nous estimons, quant à nous, qu'elle doit être admise. D'abord elle existe non-seulement vis-à-vis des arbitres volontaires pour cause survenue depuis le compromis, mais aussi pour les arbitres forcés, arbitres de commerce nommés d'office par le tribunal (art. 429 et 430 C. pr.). Elle existe encore, dans certains cas déterminés, pour les jurys d'expropriation, avec lesquels nos jurys pour les loyers ont beaucoup de points d'analogie.

XI. — C'est d'ailleurs à la loi du 3 mai 1841 sur les jurys d'expropriation (art. 20) que l'article 4 se réfère pour la manière dont sera formé, notifié et jugé le recours en cassation admis contre les décisions des jurys spéciaux pour incompétence ou excès de pouvoir. D'après cet article 20, le pourvoi doit avoir lieu par déclaration au greffe du tribunal ; il sera notifié dans la huitaine, à peine de déchéance. Dans la quinzaine de la notification du pourvoi, les pièces seront adressées à la chambre civile de la Cour de cassation, qui statuera dans le mois suivant. — L'arrêt, s'il est rendu par défaut, à l'expiration de ce délai, ne sera pas susceptible d'opposition.

XII. — Comment les décisions des jurys spéciaux seront-elles rendues exécutoires? L'article 1020 du Code de procédure concernant les décisions d'arbitres répond à cette question :

« Le jugement arbitral sera rendu exécutoire par une ordonnance du président du tribunal de première instance dans le ressort duquel il a été rendu : à cet effet, la minute du jugement sera déposée, dans les trois jours, par l'un des arbitres, au greffe du tribunal... Les poursuites pour les frais du dépôt et les droits d'enregistrement ne pourront être faites que contre les parties. »

Et l'article 1021 traite de l'exécution des jugements :

« Les jugements arbitraux, même ceux préparatoires, ne pourront être exécutés qu'après l'ordonnance qui sera accordée, à cet effet, par le président du tribunal, au bas ou en marge de la minute, sans qu'il soit besoin d'en communiquer au ministère public ; et sera ladite ordonnance expédiée ensuite de l'expédition de la décision. La connaissance de l'exécution du jugement appartient au tribunal qui a rendu l'ordonnance. »

Enfin l'art. 1024 C. pr. ajoute :

« Les règles sur l'exécution provisoire des jugements des tribunaux sont applicables aux jugements arbitraux. »

Nous n'avons voulu qu'exposer très-succinctement la procédure qui nous paraît devoir être suivie devant les jurys spéciaux. Son examen détaillé nous entraînerait à des longueurs qui dépasseraient les bornes de ce commentaire.

XIII. — Bien que la loi n'en parle pas, il est difficile d'admettre que chaque jury spécial ne soit pas assisté d'un greffier. Par qui seront-ils nommés ? Comment seront-ils rétribués ?

Nous supposons que le choix du greffier sera laissé au président de chaque jury et qu'il le fera dans le personnel du greffe des justices de paix ; nul mieux que ce personnel n'aurait la compétence nécessaire pour assister les jurys. Il serait facile, à Paris surtout, de suppléer au cas d'insuffisance.

Quant au tarif des frais qui leur seraient applicables, ne devrait-il pas faire l'objet d'un arrêté du chef du pouvoir exécutif ? Nous en dirons autant pour la taxe des frais des huissiers.

XIV. — Quel que soit l'objet de la demande intentée, qu'il s'agisse d'une demande en réduction de loyers ou seulement d'un simple délai ; quel que soit aussi le défendeur (propriétaire ou locataire), c'est le jury spécial dans la circonscription duquel se trouvera l'immeuble dont les revenus ou loyers donneront naissance à la contestation qui sera compétent, et seul compétent pour juger les différents. Les parties, même quand elles seraient d'accord, ne pourraient déférer la contestation à un jury autre que celui de la circonscription de l'immeuble.

XV. — Nos articles et les suivants ne disent pas un mot des *principaux locataires* et des personnes auxquelles ils sous-louent. Il est cependant hors de doute que les dispositions de notre loi s'appliquent aux uns comme aux autres, et que les jurys spéciaux devront seuls connaître de leurs contestations relatives aux loyers des termes d'octobre, janvier et avril. Les principaux locataires sont, en effet, en quelque sorte les gérants ou mandataires du propriétaire, à leurs risques et périls, et pour un temps déterminé.

Art. 5. — Les jurys spéciaux auront la faculté d'accorder sur le prix des trois termes de loyers ci-dessus, quelle que soit la nature des locations, des réductions proportionnelles au temps pendant lequel les locataires auront été privés matériellement de la jouissance de tout ou partie des lieux loués.

Si les locations ont un caractère industriel ou commercial, ils pourront accorder des réductions proportionnelles au temps pendant lequel les locataires auront subi, par suite des événements du siége, une privation ou une diminution dans la jouissance industrielle ou commerciale prévue par les parties.

Lorsqu'il n'y aura eu ni diminution, ni altération de jouissance, ils ne pourront accorder que des délais.

Les délais accordés par les jurys spéciaux n'excéderont pas deux ans, à moins que la location faite par écrit ne doive prendre fin qu'après un laps de plus de deux années. Dans ce dernier cas, les délais pourront être étendus à une durée égale à celle de la location, mais les sommes restant dues au-delà du terme de deux années, seront de droit productives d'intérêt au taux de 5 0/0 l'an.

Les payements différés pourront être divisés en fractions exigibles à diverses échéances consécutives et réglés en billets à ordre correspondant à ces échéances. Ces billets n'opéreront pas novation et le propriétaire conservera son privilége sur les meubles garnissant les lieux loués.

Art. 6. — Les jurys spéciaux pourront limiter l'exercice du privilége ou les droits et actions du propriétaire sur une partie déterminée et suffisante du mobilier garnissant les lieux loués et servant de gage spécial à sa créance.

Si le locataire quitte les lieux loués avant le complet payement des termes encore dus, sans fournir une caution jugée suffisante par le juge de paix, le propriétaire pourra réaliser le gage affecté à sa créance.

SOMMAIRE.

I. Les jurys peuvent : 1º prononcer des réductions de loyers, 2º accorder des délais. Application aux diverses natures de locations.

II. Que faut-il entendre par *privation matérielle* de jouissance? Du déguerpissement par force; par crainte, avec ou sans ordre de l'autorité. De la privation matérielle venant d'une cause étrangère aux événements du siége.

III. Quelles sont les locations ayant un caractère industriel ou commercial ? Sens et portée des mots *commerçant* et *industriel*. Des professions libérales.

IV. S'il faut distinguer entre la partie de location pour le commerce et l'industrie et celle pour le logement.

V. Pour que la location ait le caractère industriel ou commercial, il faut non seulement être industriel ou commerçant, mais encore exercer son commerce ou son industrie dans les lieux loués. Exemples.

VI. Des réductions de loyers. Les jurys ont plein pouvoir pour fixer *le temps et le chiffre* applicables à la réduction.

VII. Des délais; de leur durée. Bail courant, bail devant faire suite, promesse de bail.

VIII. La souscription de billets n'opérant pas novation laisse subsister tous les droits et priviléges du propriétaire. Rédaction vicieuse du dernier § de l'article 5.

IX. Quelle sera la situation du principal locataire vis-à-vis du propriétaire, lorsque les jurys auront accordé des réductions ou des délais aux sous-locataires. De la marche à suivre par le principal locataire.

X. Des différents cas où le locataire sera déchu du bénéfice des délais accordés par le jury.

Art. 5 et 6.   1. — Les Jurys spéciaux sont armés par l'art. 5 de deux droits essentiellement distincts, le droit de prononcer une réduction sur les loyers et celui d'accorder des délais.

S'il y a eu *privation matérielle* de jouissance de tout ou partie des lieux loués (§ 1er), les jurys ont la faculté d'accorder des réductions, mais ils peuvent aussi, bien que la loi ne le dise pas, accorder des délais de paiement pour la fraction qui restera due : et cette faculté, pour le cas de privation matérielle, s'étend à *toutes les locations, quelle qu'en soit la nature*, c'est-à-dire aussi bien aux locations bourgeoises, qu'à celles commerciales ou industrielles.

S'il n'y a pas eu privation matérielle de jouissance, il faudra distinguer : ou les locations auront *un caractère commercial ou industriel,* ou bien ce seront des *locations bourgeoises.*

Lorsque les jurys reconnaîtront aux locations *un caractère commercial ou industriel*, s'ils estiment que les locataires ont subi, par suite des événements du siége, une privation ou une diminution dans la jouissance industrielle ou commerciale prévue par les parties (§ 2), ils pourront consentir des réductions, et aussi, bien entendu, des délais pour la portion non réduite. Quand ce seront, au contraire, des *locations bourgeoises*, en d'autres termes exclusivement pour habitation ou logement, les jurys ne pourront accorder que des délais (§ 3).

C'est ainsi, du moins, que nous interprétons la loi. Si, en effet, le § 3 de l'art. 5 était entendu en ce sens qu'il s'applique aux locations ayant un caractère industriel ou commercial dont la loi vient de parler dans le § 2, il s'en suivrait que, pour les délais à accorder dans les locations bourgeoises, les jurys spéciaux seraient incompétents et que les locataires devraient s'adresser aux tribunaux ordinaires, ce qui serait en contradiction flagrante avec le texte de l'art. 1, qui décide que les jurys spéciaux auront *seuls* compétence, *à l'exclusion de toute autre juridiction*, à l'effet de statuer sur les contestations relatives aux loyers restant dus pour les termes échus du 1er octobre 1870 jusqu'au 1er avril 1871.

A moins donc de soutenir que les locations bourgeoises ne pourront jamais réclamer et obtenir de délais pour le paiement des termes dont nous parlons, — ce qui nous paraîtrait souverainement absurde en considérant, d'une part, la disposition de l'art. 1244 du Code civil qui permet toujours aux juges d'accorder des délais à un débiteur malheureux, et à plus forte raison à la suite d'événements comme ceux qui ont motivé la loi qui nous occupe, et d'autre part que les locations bourgeoises comprennent un grand nombre, sinon d'ouvriers (dont les locations étant, en majeure partie, de 600 francs et au-dessous, seront régies par l'art. 8 ci-après), au moins d'employés et commis dont la situation est digne du plus grand intérêt, — il faut bien reconnaître que le texte de l'art 4 est trop impératif pour ne pas donner au § 3 de l'art. 5 le sens que nous lui attribuons.

Nous nous demandons d'ailleurs ce que signifierait le § 3 appliqué seulement aux locations ayant un caractère industriel ou commercial. Car lorsqu'un jury aura constaté qu'un commerçant ou industriel n'a éprouvé ni diminution ni altération dans sa jouissance, cela voudra dire que ses affaires auront continué de marcher comme en temps ordinaire; il n'y aura dès lors aucun motif pour le soustraire au droit commun et lui accorder des délais de faveur. Notre paragraphe ainsi entendu n'aurait donc aucun sens, tandis qu'il en a un grand, en l'appliquant aux locations bourgeoises.

II. — Que faut-il entendre par *privation matérielle* de jouissance ? Toute cause qui rend le logement inhabitable, et oblige le locataire à quitter les lieux, engendre une privation matérielle. Aussi, selon nous, la privation matérielle ne résultera pas seulement du fait que l'autorité supérieure française ou étrangère aura *contraint* le locataire à déguerpir. Nous donnons à ces mots une portée plus large. Ainsi, par exemple, beaucoup de locataires de Paris et de la banlieue ont quitté leurs habitations *par crainte* du bombardement ou des sévices de l'ennemi (1). Les uns l'ont fait sur l'ordre et

---

(1) Nous prions le lecteur de croire que nous n'avons nullement en vue,

quelquefois même sur la seule invitation de l'autorité locale, les autres sous la simple pression des événements. Ce sera, croyons-nous, au jury à apprécier les circonstances qui ont déterminé le locataire à évacuer les lieux et qui ont occasionné la privation matérielle. Ils seront souverains dans leurs moyens d'enquête et d'investigation.

A Paris, lors du bombardement par les Prussiens, l'autorité municipale des quartiers atteints ou menacés par les obus délivrait aux habitants de ces quartiers, une carte qui leur permettait de se réfugier dans les arrondissements non exposés. La représentation de cette carte serait assurément un moyen de preuve de la privation matérielle de jouissance (et l'on voit qu'ici, pour beaucoup de locataires, c'est fort heureusement la crainte seule qui a amené le déguerpissement); mais il n'en faudrait pas conclure que les seuls possesseurs de la carte ont subi la privation matérielle, car les locataires qui sont allés demander asile à des amis ou connaissances ont pu négliger de s'en munir. La carte sera donc, comme nous le disions, un moyen de preuve; mais elle n'excluera pas les autres pour les habitants qui en seront dépourvus.

Le § 1er de l'art. 5, en parlant de privation matérielle, n'ajoute pas les mots du § 2 : « par suite des événements du siége. » Faut-il les considérer comme sous-entendus? Bien que notre loi n'ait eu que ces événements pour objectif en constituant des jurys spéciaux, nous croyons que l'on ne peut suppléer à son silence, et que, quelle que soit la cause de la privation matérielle, comme si, par exemple, une maison s'était effondrée par accident étranger au siége, du moment où la contestation ne portera que sur une demande de réduction de loyers ou de délai pour le paiement, les jurys

--- — - — - — - — - — - —

dans notre hypothèse, cette classe de locataires à qui des causes diverses ont fait quitter Paris avant l'investissement, et que la langue vulgaire a caractérisés par une expression connue de tout le monde. Mais que l'on comprenne bien aussi que cette note ne s'applique pas aux personnes honorables que leur âge ou des motifs avouables ont éloigné de la capitale.

seront seuls compétents pour prononcer sur la contestation. Il en serait autrement, suivant nous, si l'action intentée avait pour but d'obtenir autre chose qu'une réduction ou des délais, et spécialement des dommages-intérêts.

III. — Recherchons maintenant quelles sont les locations ayant *un caractère industriel ou commercial*.

Quand un industriel ou un commerçant prend à bail un local, usine, boutique, appartement, etc., en vue d'y établir et qu'il y établit réellement ses opérations, il donne par là même à sa location un caractère commercial ou industriel. Pour imprimer ce caractère à la location, il faut donc d'abord que le locataire soit industriel ou commerçant. Il faut ensuite qu'il exerce le commerce ou l'industrie dans les lieux loués.

Mais à quelle époque ces deux conditions seront-elles exigées ? Sera-ce tout à la fois au moment du bail et au moment où les loyers ont couru ? *Quid* si les lieux loués ont été changés de destination, si l'on a établi un commerce où il n'en existait pas au moment du bail, ou si au contraire on l'a supprimé là où il existait à la même époque ?

Les derniers mots du § 2 (art. 5), « jouissance industrielle ou commerciale *prévue par les parties*, » font supposer qu'il faut qu'au moment où les lieux ont été loués, ils aient été donnés et pris à bail dans la prévision réciproque qu'ils serviraient au commerce ou à l'industrie. Si donc un local non loué dans l'une ou l'autre de ces vues avait été affecté, *sans le consentement du propriétaire*, au commerce ou à l'industrie, et servait à cet usage dans la période de juillet 1870 à avril 1871, nous doutons que les jurys puissent reconnaître à la location le caractère industriel ou commercial.

La location manquerait également, à notre avis, de ce caractère si le propriétaire prouvait que, dans la période susdite, il ne s'exerçait plus aucun commerce ou industrie dans les lieux loués primitivement pour cet objet. Mais si le changement n'avait porté que sur la nature de la profession, comme le local pris et livré en vue d'une jouissance industrielle ou commerciale n'aurait réellement pas varié de des tination, les jurys n'hésiteraient certainement pas, le cas échéant, à appliquer la réduction.

Il faut, avons-nous dit, que le locataire soit par lui-même industriel ou commerçant. Quelle est l'étendue de ces expressions ?

« Sont commerçants ceux qui exercent des actes de commerce et en font leur profession habituelle. » (Art. 1er. C. co.

Et les articles 632 et 633 du même Code ajoutent :

« 632. La loi répute actes de commerce : tout achat de denrées et marchandises pour les revendre, soit en nature, soit après les avoir travaillées et mises en œuvre, ou même pour en louer simplement l'usage ; — toute entreprise de manufactures, de commission, de transport par terre ou par eau ; — toute entreprise de fournitures, d'agences, bureaux d'affaires, établissements de ventes à l'encan, de spectacles publics ; — toute opération de change, banque et courtage ; — toutes les opérations des banques publiques ; — toutes obligations entre négociants, marchands et banquiers : — entre toutes personnes, les lettres de change, ou remises d'argent faites de place en place.

« 633. La loi répute pareillement actes de commerce : toute entreprise de construction et tous achats, ventes et reventes de bâtiments pour la navigation intérieure et extérieure : — toutes expéditions maritimes : — tout achat ou vente d'agrès, apparaux et avitaillements ; — tout affrètement ou nolissement, emprunt ou prêt à la grosse ; toutes assurances et autres contrats concernant le commerce de mer ; — tous accords et conventions pour salaires et loyers d'équipages ; — tous engagements de gens de mer, pour le service de bâtiments de commerce. »

De la combinaison des articles ci-dessus, et notamment des articles 1 et 632, il résulte que le mot *commerçant* s'applique au commerce qui achète les marchandises pour les revendre en nature, comme au commerce qui les revend « après les avoir travaillées, » en d'autres termes, à l'industrie manufacturière et spécialement à la classe des industriels, grands et petits, qui achètent les matières premières et vendent leurs ouvrages confectionnés.

Est *industriel* quiconque exerce une profession, un art ou métier, qui travaille, en un mot, pour son propre compte.

Ainsi, l'industrie comprend non-seulement les professions industrielles proprement dites, mais aussi les industries réglementées.

Dans la catégorie des industries réglementées, c'est-à-dire pour lesquelles des conditions spéciales sont exigées, telles que cautionnement, déclaration et autorisation préalables, il faut ranger les professions dites libérales et entre autres celles des notaires. avoués, greffiers, huissiers, commis-saires-priseurs, etc.

En conséquence, tout local affecté à un art, métier ou profession dans lequel l'individu travaille pour son compte, à l'effet de se procurer un salaire ou bénéfice en échange de son labeur, nous paraît avoir le caractère industriel ou commercial voulu par l'art. 5.

IV. — Pour accorder les réductions de loyers, la loi ne distingue pas entre la partie de location servant au commerce ou à l'industrie et celle employée au logement. Les jurys seront donc maîtres de faire l'application, suivant leur conscience. Si on nous demande où serait l'équité, nous répondrons qu'elle se trouve, à notre avis, du côté qui ferait porter la réduction sur le tout : car lorsqu'un industriel ou commerçant prend une location, le logement est la conséquence ou, pour mieux dire, l'accessoire du local affecté à sa profession. Il n'aurait certainement pas pris la seconde partie sans la première, et du moment où il existe une telle connexité, et surtout où il n'y a pas de distinction dans le prix du bail, l'accessoire doit suivre le sort du principal.

V. — Remarque importante : Il ne suffit pas, comme nous l'avons dit plus haut, d'être commerçant ou industriel pour que la location ait le caractère industriel ou commercial, *il faut encore exercer son commerce ou industrie dans les lieux loués.*

Prenons pour exemple la classe des fonctionnaires publics. Nous avons vu que leur profession rentrait dans la catégorie des industries réglementées. Mais il y a deux classes de fonctionnaires, les uns ont leurs services payés par ceux qui les emploient, comme les notaires, avoués, huissiers, greffiers, etc., les autres sont salariés par l'Etat. Or, il est évident que si la réduction peut s'appliquer aux locations de la première classe, parce que l'industrie s'exerce dans les lieux loués, il n'en est pas de même pour les locations privées des fonctionnaires salariés par l'Etat, qui ne sont que de simples logements.

Par la même raison, si un industriel ou commerçant occupait un logement pris, par bail distinct, en dehors du local affecté à son commerce, nous concluons que les jurys ne pourraient prononcer de réduction sur le loyer de ce logement.

Quant aux commis et employés de commerce et d'industrie, bien qu'ils fassent de ces travaux leur profession habituelle, plusieurs raisons s'opposent à ce qu'on puisse leur appliquer la réduction : d'abord ils ne font pas les actes de commerce pour leur compte, puis, même en admettant qu'ils aient une part dans les bénéfices de leur maison, les locaux qu'ils occupent servent uniquement à l'habitation. — Il en pourrait être autrement si leur logement faisait partie de la location prise par le patron pour son commerce ou industrie.

Mais si, dans tous les cas dont nous venons de parler, les jurys ne peuvent prononcer de réduction, ils auront du moins la faculté d'accorder des délais, car ces diverses locations rentrent dans la catégorie des locations *bourgeoises*, et l'on peut voir au § 4 du présent article ce que nous avons dit à l'égard de ces locations.

VI. — La faculté par les jurys de consentir des réductions s'applique à toutes les locations auxquelles ils auront reconnu le caractère industriel ou commercial, quels que soient le prix et la durée des baux.

Ces réductions, dit la loi, seront « *proportionnelles au*

temps pendant lequel les locataires auront subi, par suite des événements, une privation ou une diminution dans la jouissance industrielle ou commerciale prévue par les parties. » On serait tenté de croire, au premier abord, que les jurys auront pleine liberté pour *déterminer le temps* pendant lequel se sera produite la privation ou diminution de jouissance, mais qu'une fois le temps fixé, ils devront rigoureusement lui appliquer le calcul de la réduction proportionnelle. En examinant plus à fond, nous arrivons à penser que les jurys auront le champ complètement libre non-seulement pour la *fixation du temps*, mais aussi pour le *chiffre de réduction* à appliquer à ce temps de privation ou diminution de jouissance. Qu'un jury, par exemple, reconnaisse que, sur une durée de neuf mois, les affaires d'un commerçant se sont ralenties peu à peu pendant quatre mois et qu'ensuite elles ont cessé complète ment, comment pourrait-on appliquer la réduction proportionnelle. Il y aura eu dans la diminution des **affaires des degrés** plus ou moins sensibles que les jurys pourront seuls apprécier atin de leur faire une application équitable de la réduction. D'ailleurs, d'autres motifs que ceux de la privation absolue ou de la diminution des affaires (entr'autres la situation du débiteur et la presque certitude du prompt rétablissement de ses affaires), pourront influer sur la décision des jurys, et les conduire à des solutions différentes pour des situations en apparences identiques.

VII. — « Les délais accordés par les jurys spéciaux n'excéderont pas deux ans, à moins que la location faite par écrit ne doive prendre fin qu'après un laps de plus de deux années. »

Nous avons établi au § 1 que la faculté par les jurys d'accorder des délais s'étendait *à toutes les locations*, soit industrielles ou commerciales, soit simplement bourgeoises, et aux cas de privation matérielle comme à ceux de privation ou diminution dans la jouissance industrielle ou commerciale.

Donc, pour tous les loyers, sans distinction de baux écrits ou de baux verbaux, et quelle que soit la nature des locations, les délais accordés par les jurys peuvent aller jusqu'à deux années, *alors même que le bail restant à courir aurait une durée inférieure à ce laps de temps;* en d'autres termes, pour toute espèce de location, les délais de paiement peuvent dépasser la durée du bail, mais sans pouvoir excéder deux ans. — Cette opinion résulte virtuellement du texte que nous venons de citer, et se trouve au besoin confirmée par le § 2 de l'art. 6 ci-après, qui prévoit le cas où « le locataire quitterait les lieux loués avant le complet paiement des termes encore dus... » Ces mots, dans leur généralité, qui ne prévoit pas une cause de sortie du locataire plutôt qu'une autre, embrassent bien notre hypothèse.

Si la location est faite par écrit, et que le bail ait encore plus de deux ans à courir « les délais pourront être étendus à une durée égale à celle de la location, » mais ils ne pourront ici, comme dans le cas précédent, dépasser cette durée.

Le délai de deux années exigé par la loi peut d'ailleurs résulter non-seulement du bail courant, mais d'un autre bail écrit, ou même d'une promesse de bail également constatée par écrit. Il suffit, en un mot, qu'au moment de la comparution devant le jury, le locataire produise un écrit authentique ou sous seing-privé constatant qu'il a une location assurée d'une durée supérieure à deux années pour que le bénéfice de la disposition ci-dessus lui soit applicable.

VIII. — D'après le dernier § de l'art. 5, « les paiements différés pourront... être réglés en billets à ordre...: ces billets n'opéreront pas novation, *et le propriétaire conservera son privilége sur les meubles garnissant les lieux loués.* »

Pourquoi ces derniers mots? puisqu'il n'y a pas novation, il est évident que le privilége sur les meubles subsiste, *comme tous les autres droits du propriétaire*, bien que la loi ne le dise pas. On voit donc que ces mots sont non-seulement inutiles, mais nuisibles en ce sens qu'ils peuvent prêter à confusion. Aussi, quoique ces mots « les billets n'opéreront pas novation » indiquent bien l'idée du législateur, il sera prudent de faire la réserve de tous les droits du propriétaire, et plus spécialement, quand le locataire aura une caution, de la faire intervenir devant le jury pour rendre la décision commune à elle et au locataire.

IX. — Selon nous, la loi du 21 avril s'applique, ainsi que nous l'avons énoncé sous l'art. 4, § 4, aux contestations relatives aux loyers entre les principaux locataires et les personnes auxquelles ils sous-louent. Nous nous demandons ici quelle sera la situation du principal locataire vis-à-vis du propriétaire, par rapport aux réductions de loyers ou aux délais de paiement que ses sous-locataires auront obtenus des jurys.

En prenant à bail la totalité de l'immeuble, pour le sous-louer en tout ou en partie, il est certain que le principal locataire a compté sur les relocations pour payer le propriétaire. Si, par le fait du prince, une atteinte est portée aux conventions du principal locataire avec son sous-locataire, si les ressources qui devaient lui servir à payer son propriétaire lui sont enlevées en tout ou en partie, ou si le recouvrement en est forcément différé par une disposition législative, n'est-il pas juste que le principal locataire s'autorise vis-à-vis du propriétaire des prescriptions qui lui sont imposées pour demander des concessions analogues?

Aussi, dans le cas où un principal locataire serait actionné par un ou plusieurs sous-locataires, ce qu'il aurait de plus simple à faire, à notre avis, serait de mettre en cause le propriétaire, afin de faire vider la contestation entre le propriétaire, le sous-locataire et lui par une seule et même sentence. Il pourrait certainement exercer son recours par instance séparée, mais la mise en cause immédiate du propriétaire aurait d'abord l'avantage de simplifier la procédure et le travail des jurys, en outre elle permettrait au propriétaire d'entendre les réclamations du sous-locataire et au besoin de fournir des explications qui seraient de nature à éclairer le jury.

Nous ne parlons, en tout cas, du recours du principal locataire vis-à-vis du propriétaire qu'au point de vue des réductions et des délais accordés. Car, pour le paiement aux échéances, fixées par le jury, pour la garantie et la responsabilité, le recours du propriétaire devrait rester plein et entier contre le principal locataire.

X. — Dans quels cas le locataire sera-t-il déchu du bénéfice des délais qui lui auront été accordés par le jury? La loi en énumère deux :

Le premier, si le locataire vient à quitter les lieux loués avant complète libération, sans fournir une caution jugée suffisante par le juge de paix. (Art. 6, § 2.) Dans ce cas, le propriétaire pourra réaliser le gage affecté à sa créance, et, conséquemment, se payer des termes restant dus sur le prix de la réalisation ;

Le second, si le locataire ne se libère pas de l'une des fractions exigibles à l'échéance réglée par les jurys spéciaux, et au plus tard dans les quinze jours de cette échéance (art. 7). Non-seulement, dans ce cas, tout ce qui reste dû par le locataire devient immédiatement exigible et le propriétaire peut poursuivre la réalisation du gage pour se faire payer, mais il a la faculté, s'il lui convient, de demander la résiliation du bail, qui sera prononcée *de plein droit* par le président du tribunal civil, en vertu d'une simple ordonnance de référé, que le bail soit authentique, privé ou purement verbal.

A ces deux causes de déchéance, il faut en ajouter une troisième, celle de la faillite. « Le débiteur ne peut plus réclamer le bénéfice du terme lorsqu'il a fait faillite. » (Art. 1188, C. C.) Le fait de la déclaration de faillite rendra donc immédiatement exigible tout ce qui restera dû, et le propriétaire rentrera dans le droit commun pour s'en faire payer.

Art. 7. — A défaut de se libérer de l'une des fractions exigibles à l'échéance réglée par les jurys spéciaux, et

après quinze jours de retard, le locataire perdra le bénéfice des termes qui lui auront été accordés; le bail sera
résilié de plein droit au profit du propriétaire, qui pourra,
s'il veut se prévaloir de cette résiliation, réaliser le gage
conformément au droit commun, et rentrer en possession des lieux loués, en vertu d'une simple ordonnance de
référé, que le bail soit authentique, privé ou purement
verbal.

SOMMAIRE.

I. Etendue du privilège du propriétaire. Sa durée. Du cas où les
meubles ont été enlevés par moyens frauduleux ou par force

II. Des loyers payés d'avance. Question d'imputation, notamment
lorsque les jurys limiteront l'exercice des droits du propriétaire

III. Conséquence de la limitation de ces droits au point de vue des
hypothèques et de la caution Les jugements des jurys confé-
reront une hypothèque. Si, dans le cas de limitation, la caution
sera déchargée en vertu de l'article 2037 du Code civil.

IV. La limitation des droits et privilège du propriétaire s'étendra-t-elle
seulement *aux termes échus*, ou bien encore *aux termes à
échoir* ?

V. Renvoi pour le commentaire du § 2 du présent article.

Art. 7. I. — On sait que, d'après l'article 2102 du Code civil, le privilége du propriétaire s'étend sur le prix de tout ce qui garnit
la maison louée, savoir : pour tous les loyers échus et à échoir
si les baux sont authentiques ou si, étant sous signatures privées, ils ont une date certaine, et à l'égard de tous les autres
baux pour une année à partir de l'expiration de l'année cou-
rante. — Le même privilége a lieu pour les réparations loca-
tives et pour tout ce qui concerne l'exécution du bail.

Le privilége du propriétaire subsiste tant que les meubles
sont dans la maison louée. S'ils ont été déplacés *sans son consentement*, il a encore droit au privilége pourvu qu'il fasse la
revendication des meubles dans la quinzaine de l'enlèvement
(même article 2102). Quel est le point de départ du délai pour
la revendication, lorsque le locataire a eu recours à des

moyens frauduleux pour dérober le transport à la vigilance du propriétaire? Et plus spécialement, de quel moment doit-il courir si l'enlèvement a eu lieu par la force, sans que le propriétaire ait pu s'y opposer? C'est aux tribunaux ordinaires à décider ces questions délicates et controversées.

II. — On sait qu'à Paris surtout, presque tous les propriétaires d'immeubles exigent de la majeure partie de leurs locataires, et notamment des commerçants et industriels, une garantie spéciale, c'est celle *des loyers payés d'avance*. Nous ne voulons nullement entrer ici dans la discussion qu'a soulevé ce mode de garantie, nous cherchons seulement à constater les effets de la loi par rapport à ces loyers. En un mot, les jurys spéciaux pourront-ils affecter les loyers payés d'avance au paiement des termes échus?

Les termes de l'art. 6 nous paraissent trop formels pour que la question puisse faire doute. En effet, en accordant aux jurys la faculté de *limiter* l'exercice du privilége ou les droits et actions du propriétaire *sur une partie déterminée du mobilier*, il est évident qu'elle leur donne, par là même, le droit d'affranchir de ces privilége, droits et actions le surplus du mobilier et tout ce qui, en dehors de la *partie déterminée*, forme la garantie du propriétaire. Il n'est même pas nécessaire que le jury prononce cet affranchissement; dès qu'il a limité l'exercice de l'action du propriétaire à telle ou telle fraction du mobilier, *la main-levée existe de droit sur toutes les garanties que le propriétaire possédait en vertu du bail autres que celles frappées d'affectation spéciale*. On ne peut contester que ce soit là l'effet de la limitation.

Mais si, en affranchissant les loyers d'avance de l'exercice des droits et actions du propriétaire, les jurys entendent (et leur intention ne peut être autre) que ces loyers servent jusqu'à due concurrence au paiement des termes échus, ils feront bien, croyons-nous, pour éviter toute difficulté, de prononcer expressément l'imputation. Car s'ils procédaient seulement par voie de limitation, du moment où les loyers d'avance ne seraient pas compris dans la partie de mobilier qui doit rester pour gage, le locataire auquel, par les délais obtenus du jury, le propriétaire n'aurait plus présentement rien à réclamer, ne pourrait-il pas exiger de ce propriétaire la restitution des loyers payés d'avance? Cette manière de procéder serait à coup sûr excessivement blâmable, pour ne pas dire plus, puisqu'elle obligerait un propriétaire, besoigneux ou non, à débourser des fonds au lieu d'en recevoir. Mais si la demande du locataire n'était pas fondée en équité, peut-on affirmer qu'il en serait de même au point de vue légal?

III. — La limitation de l'exercice des *droits et actions* du propriétaire à une partie déterminée du mobilier, rend, disons-nous, absolument libres toutes les autres garanties.

Ainsi l'hypothèque conventionnelle conférée par un bail serait levée si elle n'était pas comprise dans la garantie réservée.

C'est ici le lieu de faire remarquer que les *jugements arbitraux revêtus de l'ordonnance d'exécution*, laquelle leur donne le caractère authentique, *confèrent* au créancier, comme tous les autres jugements, *une hypothèque générale* sur les biens de son débiteur. C'est une observation que les propriétaires et les locataires feront sagement de ne pas oublier, à cause des conséquences qui peuvent en résulter pour les uns et les autres.

Si, dans le cas de limitation, cette hypothèque judiciaire n'est pas spécialement réservée, nous sommes d'avis que le propriétaire ne pourra la faire valoir. La restriction prononcée par le jury doit être de droit étroit et exclure toute autre espèce de garantie que celle indiquée par lui.

De même la caution d'un locataire serait déchargée si le jury ne la comprenait pas dans la limitation.

Mais lorsque les jurys auront limité le privilége du propriétaire, la caution aura-t-elle le droit d'invoquer les dispositions de l'article 2037 du Code civil qui stipule que « la caution est déchargée, lorsque la subrogation aux droits, hypothèques et priviléges du créancier ne peut plus, par le fait de ce créancier, s'opérer en faveur de la caution? » Non, car si la garantie du propriétaire est diminuée, ce ne sera pas assurément de son gré, il subira l'action de la justice ; on ne pourra dire conséquemment que la restriction de ses droits, hypothèques et priviléges provienne *de son fait.*

IV. — La limitation dans l'exercice du privilége et des droits et actions du propriétaire à une partie déterminée du mobilier s'étendra-t-elle à toute la durée restant à courir du bail, ou n'aura-t-elle, au contraire, d'effet que pour les termes échus ?

Pour soutenir que cette limitation doit être restreinte aux termes échus, on peut dire que les jurys n'ont été institués que pour le règlement de ces termes (octobre 1870, janvier et avril 1871), et que leur compétence ne va pas au-delà, qu'ils dépasseraient donc leurs pouvoirs en appliquant aux termes à échoir ultérieurement les conséquences d'une loi faite uniquement pour les termes dont nous parlons.

Bien que cet argument ne manque pas de valeur, il parait impossible de s'y rendre, et voici pourquoi :

Si la garantie des termes à échoir n'est pas soumise à la limitation des jurys, le sort en sera réglé, soit par les conventions du bail, soit par la loi et notamment par l'article 1752 du Code civil, ainsi conçu : « Le locataire qui ne garnit pas la maison de meubles suffisants peut être expulsé, à moins qu'il ne donne des sûretés capables de répondre du loyer. »

Du moment où, pour le terme de juillet et les subséquents, le propriétaire aurait le droit d'invoquer les conditions du bail ou l'art. 1752, à quoi servirait la limitation du jury ? Lorsque, en effet, le locataire voudra disposer de la partie du mobilier ou des autres garanties devenues libres par l'effet de la limitation, le propriétaire, armé de son bail ou de l'art. 1752, s'y opposera formellement. N'aurait-il pas même le droit de s'appuyer des mots « servant de gage spécial à sa créance » de notre art. 6, pour prétendre que la partie de mobilier déterminée par le jury doit servir *exclusivement de gage aux termes échus*, et demander alors un supplément de garanties pour les termes à échoir ? En sorte que la position du locataire au lieu d'être améliorée serait aggravée ! L'absurdité de ces conclusions suffirait à démontrer que telle n'a pu être la pensée du législateur.

Cette pensée est d'ailleurs nettement exprimée dans l'exposé des motifs du projet de loi présenté à l'Assemblée nationale par M. le Ministre de la justice. « Le débiteur, y est-il « dit, ayant la faculté de disposer librement de la valeur que « représente une partie du gage, pourrait en faire emploi de « manière à se procurer les moyens de se remettre au travail, « c'est-à-dire de manière à hâter et assurer sa libération. » Et plus loin le Ministre ajoute : « Les commissions arbitrales, « en réduisant à une partie déterminée et suffisante du mobi- « lier le gage du créancier, rendront au débiteur la liberté « d'action dont il a besoin pour être promptement en mesure « d'amortir sa dette. »

Le but de la loi est donc bien précisé, c'est de permettre au locataire de *disposer librement de la valeur que représente une partie du gage*. Or, comment pourrait-il le faire si, pour les termes à échoir, le propriétaire avait le droit de retenir *cette partie du gage* que la décision du jury aurait affranchie de ses droits et priviléges ? Il y aurait évidemment là deux dispositions complètement inconciliables. Et si la limitation prononcée par les jurys ne s'appliquait pas aussi bien aux termes à échoir qu'à ceux échus, la faculté laissée à ces jurys par l'art. 6 qui, d'après l'exposé des motifs « pouvait paraître hardie à quelques personnes, mais en réalité n'était que sage, » ne servirait absolument à rien et serait comme lettre morte. N'est-ce pas alors le cas de répéter avec l'art. 1157, C. C. : « Lorsqu'une clause est susceptible de deux sens, on doit plutôt l'entendre dans celui avec lequel elle peut avoir quelque effet, que dans le sens avec lequel elle n'en pourrait produire aucun. »

V. — Nous avons vu, en commentant les art. 5 et 7, que le § 2 de l'art. 6 prévoyait un des cas où le locataire peut être déchu, avant le terme, du bénéfice des délais accordés par le jury ; nous renvoyons le lecteur au § 9 de ces articles.

ART. 8. — Dans le cas où le département de la Seine, qui y est d'avance autorisé, consentirait à payer à tous les propriétaires de logements dont le prix annuel est de six cents francs ou moins, le tiers de ce qui leur restera dû par les locataires sur les termes échus en octobre 1870, janvier et avril 1871, sous la double condition que les propriétaires donneront quittance définitive du surplus et maintiendront leurs locataires en possession pour le terme d'avril à juillet prochain, l'Etat participera pour un tiers à ces payements, sans que cette participation puisse dépasser dix millions de francs.

Les locataires qui auront profité du bénéfice du paragraphe précédent devront acquitter exactement le montant du terme de juillet 1871 à son échéance, sous peine d'expulsion sans congé préalable et sur simple ordre du juge de paix.

Les propriétaires ou les locataires qui feraient de fausses déclarations dans le but d'obtenir ou de faire obtenir une indemnité supérieure à celle à laquelle les propriétaires auront droit, seront poursuivis devant les tribunaux correctionnels et passibles des peines portées à l'article 405 du Code pénal. L'article 463 du Code pénal sera applicable.

Les propriétaires qui n'accepteraient pas ce règlement devront porter leurs réclamations devant les jurys spéciaux, conformément aux articles précédents.

ART. 10 § 2. — Les propriétaires qui, dans le même délai (c'est-à-dire avant le 1ᵉʳ juillet 1871), n'auraient pas saisi le jury spécial de leur demande, conformément au dernier paragraphe de l'article 8, seront réputés avoir accepté le règlement déterminé par les deux premiers paragraphes du même article.

SOMMAIRE.

I.   Pour que notre article reçoive son exécution, il faut que le département de la Seine adhère au règlement de l'indemnité. Il

Art. 8.

I. — Notre article a pour but de venir en aide aux petits locataires, dont les logements sont de 600 francs et au-dessous, par l'exonération complète des trois termes de loyers d'octobre 1870, janvier et avril 1871, en sauvegardant toutefois, dans une mesure équitable, les intérêts des propriétaires.

Le moyen proposé par la loi consiste *à offrir au propriétaire qui consentirait à l'accepter, une indemnité* qui serait supportée par le département de la Seine et par l'Etat et qui serait *du tiers de ce qui resterait dû* par les locataires *sur les trois termes d'octobre, janvier et avril*, sous une double condition dont nous parlerons tout-à-l'heure.

C'est un moyen, disons-nous, *proposé par la loi*. Il faut, en effet, pour que l'article 8 reçoive son exécution, que le département de la Seine consente à payer la part d'indemnité mise à sa charge par le législateur. Notons que ce dernier a considéré le sacrifice d'indemnité comme une dette *départementale et non communale*. Il faut donc que les représentants du département de la Seine adhèrent au principe de l'indemnité et votent la contribution nécessaire pour y faire face. Or, par suite des événements et décrets survenus, il n'existe en ce moment, que nous sachions, aucune autorité qui, légalement, représente le département. Il nous paraît dès lors impossible que tous les effets de l'article 8 ne soient pas suspendus jusqu'au jour où l'on saura si le conseil général du département de la Seine consent ou non à supporter cette indemnité.

Ainsi, par exemple, le § 2 de l'article 10 exige des propriétaires *qui ne voudront pas accepter le réglement d'indemnité* de l'article 8, qu'ils portent les réclamations relatives à leurs loyers devant les jurys spéciaux *avant le 1ᵉʳ juillet 1871*, faute de quoi ils seront réputés avoir accepté ce règlement. Quelle serait la situation des propriétaires qui, résolus à recevoir l'indemnité, n'auraient pas saisi le jury de leur demande avant le 1ᵉʳ juillet, si le département de la Seine ne consentait pas à payer cette indemnité. Ils n'auraient rien à réclamer de ce côté, puisque le paiement de l'indemnité est subordonné à la ratification des représentants du département, et d'un autre côté les locataires qui se seraient mis en règle par la déclaration exigée d'eux ainsi que nous le verrons sous le § 1ᵉʳ de l'article 10, devraient se considérer comme exonérés de ce qu'ils resteraient devoir sur leurs loyers d'octobre, janvier et avril; en sorte que les propriétaires n'auraient rien à recevoir ni d'un côté ni de l'autre. Le résultat est trop bizarre pour ne pas conduire à cette conclusion que l'application des articles 8 et 10 § 2 appelle inévitablement des prorogations de délai.

En tout cas, si les représentants du département adoptent les dispositions de l'art. 8, l'Etat participerait pour un tiers au paiement de l'indemnité, sans toutefois que cette participation puisse dépasser dix millions de francs. En d'autres termes, si les indemnités à payer sont inférieures à trente millions, l'Etat contribuera pour un tiers au paiement de toutes ces indemnités. Si au contraire elles dépassent trente millions, les dix millions à la charge de l'Etat seront répartis proportionnellement entre chaque indemnité, et le département de la Seine supportera l'excédant.

II. — A quelles locations s'applique le bénéfice de l'art. 8 ? La loi dit « à tous les propriétaires de *logements* dont le prix annuel est de six cents francs ou moins. »

Le mot *logement*, dans le langage usuel, signifie local pour habitation. L'art. 8 n'a donc exclusivement en vue que les locations consacrées à l'habitation des locataires et de leur famille. Ainsi les baux qui ne comprennent que des locaux servant au commerce ou à l'industrie, alors même que le prix du loyer serait de six cents francs et au-dessous, ne sont pas compris dans la catégorie de notre article. Il en est de même, bien entendu, pour un bail d'écurie, remise, etc.

Est-ce à dire que le logement de six cents francs et au-dessous devrait être exclu du bénéfice de l'art. 8, s'il était constaté que le locataire exerce dans les lieux qui lui servent d'habitation un commerce ou une industrie quelconque ? Tel n'est pas assurément l'esprit de la loi. Qu'on ne l'applique pas aux locations dans lesquelles aucune pièce n'est affectée au logement du locataire ou de sa famille, soit ! Mais il suffit, suivant nous, pour que l'art. 8 puisse être invoqué, qu'un espace quelconque des lieux loués soit consacré à l'habitation, et cela, sans rechercher si le logement est le principal de la location, ou si au contraire il n'en constitue que l'accessoire, ce qui peut se rencontrer, sinon dans Paris, au moins dans quelques communes de la banlieue.

On ne pourrait non plus soutenir raisonnablement que la loi n'ayant trait qu'aux *logements*, il faudra, dans cette dernière hypothèse, défalquer du loyer ce qui n'est pas consacré au logement, pour n'appliquer l'indemnité qu'au prix du local ou des locaux servant à l'habitation. La distinction n'est pas dans la loi, on ne peut la créer.

Du moment donc où, le prix de location étant de six cents francs ou moins, le bail comprendra un ou plusieurs espaces affectés au logement, le règlement d'indemnité déterminé par l'art. 8 devra s'appliquer et porter sur la totalité du prix du bail sans aucune espèce de ventilation.

Quid si les locations ne sont pas à l'année, mais ont été faites au mois ou au jour, comme le prévoit l'art. 1758 du Code civil pour les appartements meublés? Le but de la loi est de venir en aide aux petits locataires avec équitable dédommagement pour les propriétaires. Que la location soit faite au jour, au mois on à l'année, la situation est la même, et partant, lorsque le prix de location, multiplié par douze mois ou par trois cent soixante-cinq jours ne donnera pas un chiffre supérieur à 600 francs, la solution sera nécessairement la même.

Il importe peu également que le bail soit par écrit ou simplement verbal. Mais il faut que le logement ait été donné à bail à prix d'argent, car s'il eût été concédé volontairement à titre gratuit, le propriétaire ne pourrait réclamer l'indemnité.

III. — Pour que les propriétaires de logements de 600 fr. et au-dessous puissent réclamer le bénéfice de l'indemnité, l'art. 8 leur demande une double condition, la première est qu'ils donnent quittance définitive à leurs locataires de ce qui leur restera dû, déduction faite de cette indemnité, et la seconde est qu'ils aient maintenu leurs locataires en possession pour le terme d'avril à juillet 1871.

En ce qui concerne la première condition, nulle difficulté. Il suffit d'observer que la quittance définitive ne s'applique qu'au solde des termes d'octobre, janvier et avril, et que pour les termes antérieurs, s'il lui en est dû, le propriétaire conserve tous ses droits. Mais la seconde nous paraît d'une interprétation plus difficile.

Il faut, dit la loi, que le propriétaire *ait maintenu son locataire en possession pour le terme d'avril à juillet.* Mais si pour ce terme, ou même avant, le locataire avait quitté les lieux loués, quelle serait la position du propriétaire? Pour résoudre la question il est bon de rechercher l'intention du législateur. Lors de la discussion de la loi, les propriétaires étaient, pour la plupart, créanciers de plusieurs termes, et comme le règlement d'indemnité proposé ne les couvrait que d'une partie, tout en les obligeant à donner quittance de la totalité, ils pouvaient dans le silence de la loi, se considérer comme étant dans la position de tout propriétaire qui, en présence de l'insolvabilité de de son débiteur, lui fait forcément remise de ses loyers, mais use en même temps du droit qu'il a de l'expulser immédiatement. C'est pour prévenir les conséquences fâcheuses d'une telle interprétation, que la loi a cru devoir imposer aux propriétaires qui voudraient toucher l'indemnité, l'obligation de conserver leurs locataires pour le terme d'avril à juillet. C'était donc une mesure prise uniquement dans l'intérêt du locataire. Si, par une cause quelconque, le locataire n'a point usé de cet avantage, *sans néanmoins qu'on en puisse imputer la faute au propriétaire*, il nous paraît évident que l'absence de cette condition ne pourra empêcher le propriétaire de toucher l'indemnité. En d'autre termes, pour qu'un propriétaire soit admis au bénéfice de l'art. 8 pour tout ou partie des termes d'octobre, janvier et avril, il ne sera pas nécessaire qu'il justifie de la présence du locataire dans son logement pendant le terme d'avril à juillet; à quelque époque que ce locataire ait quitté, le propriétaire devra être admis à toucher le tiers de ce qui lui restera dû sur les trois termes ci-dessus, à moins que par une déclaration du locataire, ou par tout autre moyen de preuve, il ne soit établi que le propriétaire a contraint ce locataire à vider les lieux dans le cours du terme d'avril à juillet.

IV. — L'indemnité à recevoir du département de la Seine et de l'État sera du tiers de ce qui restera dû par les locataires sur les termes échus en octobre 1870, janvier et avril 1871. Ainsi sur un bail de 600 francs, si les trois termes sont dus, soit 450 francs, le propriétaire recevra le tiers ou 150 francs, et devra donner quittance définitive du surplus.

Si le propriétaire a fait volontairement remise à ses locataires d'un ou plusieurs termes, cette remise de dette valant libération, les termes remis ne pourront être compris dans le calcul de l'indemnité.

Quant au terme d'avril à juillet, il devra être acquitté à

l'échéance par tous les locataires, sans aucune distinction. Mais les locataires de logements de 600 francs et au-dessous dont les propriétaires, faute de paiement par leurs débiteurs, réclameront l'indemnité du département, pourront, s'ils n'acquittent pas exactement le terme de juillet 1871 à son échéance, être expulsés sans congé préalable et sur simple ordre du juge de paix.

V. — Nous avons examiné, sous les § 7 et 8 des articles 3 et 4 quelle était la capacité requise des parties pour ester devant les jurys spéciaux, et plus particulièrement sous le § 8, la capacité voulue pour réclamer l'indemnité dont parle notre article. Nous renvoyons donc à la lecture de ces paragraphes.

VI. — Bien que la loi, avons-nous dit au § 15 des art. 3 et 4, ne parle pas des principaux locataires, il n'est pas douteux que ses dispositions leur soient applicables. D'un autre côté, nous avons établi sous le § 9 des articles 5 et 7 que si des réductions de loyers ou des délais étaient accordés à des sous-locataires, il semblait équitable de faire au principal locataire vis-à-vis de son propriétaire les mêmes concessions que celles accordées aux sous-locataires. Quelle sera maintenant, pour l'exécution de notre article, la situation des principaux locataires? On sait que la loi laisse aux propriétaires la faculté de choisir entre le réglement de l'indemnité et la décision des jurys. Le principal locataire qui, *de son chef*, aura opté pour l'un ou l'autre mode, conservera-t-il un recours efficace vis-à-vis de son propriétaire? Il nous semble qu'un jury auquel cette question serait déférée n'hésiterait pas à répondre affirmativement. Car, en faisant son choix, le principal locataire est guidé par son propre intérêt; il doit donc, jusqu'à preuve contraire, être réputé avoir agi en bon père de famille, et surtout pour un tribunal qui décide d'après l'équité cette raison paraît concluante. Néanmoins, nous pensons qu'avant d'opter, le principal locataire qui voudrait ensuite se retourner contre le propriétaire ferait bien de prendre l'avis de ce dernier. Si le propriétaire garde le silence ou se récuse, il nous semble que l'espèce de mise en demeure faite par le locataire et la nécessité par lui de prendre un parti devraient décider le jury à lui appliquer vis-à-vis de son propriétaire la situation que lui-même aura prise à l'encontre de ses locataires.

VII. — Le § 3 de notre art. édicte les peines à prononcer par les tribunaux correctionnels contre les propriétaires ou les locataires qui feraient de fausses déclarations dans le but d'obtenir une indemnité *supérieure* à celle à laquelle les propriétaires auraient droit. A plus forte raison, bien que la loi ne le dise pas, les peines seraient-elles applicables si les déclarations avaient pour but d'obtenir ou faire obtenir une *indemnité qui n'est aucunement due.*

Admettons, par une hypothèse tout à fait invraisemblable, qu'un propriétaire s'entende avec un ou plusieurs individus qui n'ont réellement pas été ses locataires pendant les termes d'octobre, janvier et avril, mais qui consentiraient frauduleusement à passer pour tels afin de donner au propriétaire un droit à l'indemnité, il est évident qu'il y a là un dol appelant sur ses auteurs toutes les sévérités de la loi.

Les peines infligées par l'art. 405 du Code pénal (visé par notre article) consistent en un emprisonnement d'un an au moins et de cinq ans au plus, et en une amende de 50 francs au moins et de 3,000 francs au plus. Le coupable peut être, en outre, à compter du jour où il a subi sa peine, interdit pendant cinq ans au moins et dix ans au plus des droits civiques, civils et de famille, mentionnés en l'art. 42 du Code pénal, ainsi conçu :

« Art. 42. Les tribunaux jugeant correctionnellement pourront, dans certains cas, interdire en tout ou en partie, l'exercice des droits civiques, civils et de famille suivants : 1° de vote et d'élection ; 2° d'éligibilité ; 3° d'être appelé ou nommé aux fonctions de juré ou autres fonctions publiques, ou aux emplois de l'administration, ou d'exercer des fonctions ou emplois publics ; 4° du port d'armes ; 5° de vote et de suffrage dans les délibérations de famille ; 6° d'être tuteur, curateur, si ce n'est de ses enfants et sur l'avis seulement de la famille ; 7° d'être expert ou employé comme témoin dans les actes ; 8° de témoignage en justice, autrement que pour y faire de simples déclarations. »

Le § 3 de l'article 8 ajoute : « l'article 463 du Code pénal sera applicable. » Voici la teneur de cet article, suivant la modification qui lui a été apportée par la loi du 13 mai 1863, ou du moins la partie de cet article applicable à notre espèce :

« Art. 463. Les peines prononcées par la loi contre celui ou ceux des accusés reconnus coupables, en faveur de qui le jury aura déclaré les circonstances atténuantes seront modifiées ainsi qu'il suit : .... — Dans tous les cas où la la peine de l'emprisonnement et celle de l'amende sont prononcées par le Code pénal, si les circonstances paraissent atténuantes, les tribunaux correctionnels sont autorisés, même en cas de récidive, à réduire ces deux peines comme suit : Si la peine prononcée par la loi, soit à raison de la nature du délit, soit à raison de l'état de récidive du prévenu, est un emprisonnement dont le minimum ne soit pas inférieur à un an ou une amende dont le minimum ne soit pas inférieur à cinq cents francs, les tribunaux pourront réduire l'emprisonnement jusqu'à six jours et l'amende jusqu'à seize francs. — Dans tous les autres cas, ils pourront réduire l'emprisonnement même au-dessous de six jours et l'amende même au-dessous de seize francs. Ils pourront aussi prononcer séparément l'une ou l'autre de ces peines et même substituer l'amende à l'emprisonnement, sans qu'en aucun cas elle puisse être au-dessous des peines de simple police. »

VIII. — Si, pour l'admission au bénéfice de l'indemnité ou pour son réglement, en un mot, pour l'exécution de l'article 8, il s'élève des difficultés entre les propriétaires d'une part, et le département de la Seine et l'Etat de l'autre, qui sera chargé de les vider ?

Cette mission paraîtrait rentrer, au premier abord, dans le domaine des jurys spéciaux ; mais l'article 4 ne donnant compétence à ces jurys que *pour les contestations entre proprié-taires et locataires*, il faut en conclure que la solution des différents concernant les propriétaires avec le département de la Seine et l'Etat devra être demandée à la juridiction ordinaire.

En tous cas, la forme en laquelle les propriétaires des logements de 600 francs et au-dessous devront établir leurs réclamations, et les pièces qu'ils auront à produire à l'appui seront, sans nul doute, indiquées par un avis de l'autorité compétente.

IX. — Nous considérons comme à peu près impossible, surtout dans l'état actuel, que les Représentants du département de la Seine, lorsqu'ils existeront et seront régulièrement consultés, n'acceptent pas *au moins* le principe d'indemnité de l'article 8 pour les logements de 600 francs et au-dessous. Néanmoins, si la loi n'est pas modifiée (notamment en ce qui concerne les délais pour les déclarations), les propriétaires de ces logements qui voudront échapper à la situation bizarre dont nous avons parlé sous le § 1er du présent article, vont certainement, dans l'incertitude de l'avenir, s'empresser de saisir les jurys spéciaux de leurs demandes, avant le 1er juillet 1871, ainsi que le veut le § 2 de l'article 10. Les jurys auront donc à statuer sur les contestations qui vont leur être déférées. Cela étant, si plus tard le département de la Seine consent, par l'organe de ses Représentants, au paiement de l'indemnité, quelle sera la position des propriétaires et locataires dont le sort aura été réglé par des sentences arbitrales? Les propriétaires seront-ils encore admis, s'ils le trouvent plus avantageux, à venir réclamer le bénéfice de l'indemnité? A notre avis, le Gouvernement et l'Assemblée nationale ont seuls qualité pour décider la question. Nous nous permettrons, toutefois, de proposer un moyen qui, en l'absence d'une disposition législative, pourrait aplanir la difficulté. Ce serait que, quand les jurys auront à vider des questions de loyers intéressant les logements de 600 francs et au-dessous, ils interpellent le propriétaire sur le point de savoir si, le cas échéant, il accepterait l'indemnité du département de la Seine, et, sur sa réponse affirmative, de décider, avec l'adhésion du locataire qui y consentira toujours, que du moment où le département aura consenti à payer l'indemnité au propriétaire, l'article 8 recevra son application entre les parties, et que les stipulations de la sentence arbitrale, en tant qu'elles seraient contraires à cette application, seront considérées comme nulles et non-avenues.

Art. 9. — Les contestations relatives à la résiliation des baux par l'effet de la force majeure, seront portées devant les tribunaux ordinaires.

Néanmoins, les parties intéressées qui auront saisi les jurys spéciaux de la question d'indemnité pourront, si elles sont d'accord, donner à ces jurys, par voie d'extension de leur compétence, le droit de statuer sur la résiliation du contrat de louage.

SOMMAIRE.

I.   Les jurys spéciaux peuvent, dans certains cas, statuer sur la résiliation des baux. A quelles conditions ?

II. Lorsque les jurys seront compétents, ils pourront statuer, quelle que soit la cause de la résiliation. Mauvaise rédaction du § 1er.

III. Pour prononcer sur les résiliations, les pouvoirs des jurys seront les mêmes que pour les contestations relatives aux loyers.

I. — En traitant, sous l'article 4, de la compétence des jurys, nous avons vu qu'elle se bornait exclusivement à statuer *sur les contestations relatives aux loyers*, et que, sauf *une seule exception*, tous les autres différents entre propriétaires et locataires concernant l'exécution des baux devaient être portés devant les tribunaux ordinaires. Cette exception est celle de notre article. Elle consiste à permettre aux jurys de statuer sur la résiliation du contrat de louage, mais sous deux conditions essentielles, l'une c'est que ces jurys se trouveront déjà saisis par les parties de la question d'indemnité ou, pour parler plus exactement, de la question relative aux loyers, et l'autre c'est que, les jurys une fois saisis de cette première question, les mêmes parties soient d'accord pour lui en soumettre une seconde, celle relative à la résiliation du bail. Conséquemment le propriétaire et le locataire, *même étant d'accord*, ne pourraient porter la question de résiliation de bail devant un jury spécial comme question principale et unique; elle ne peut venir qu'incidemment et comme accessoire de la contestation relative aux loyers. Les deux conditions exigées par la loi doivent co-exister, l'absence de l'une empêche l'effet de l'autre.

II. — Sous le bénéfice de l'existence de ces deux conditions, le droit des jurys de statuer s'applique à toutes les causes de résiliation, qu'elles soient basées sur la force majeure ou sur toute autre raison. Par contre, du moment où, l'une des deux conditions n'existant pas, les jurys seront incompétents, toutes les contestations relatives à la résiliation des baux devront être portées, *sans exception* et quel qu'en soit le motif, devant les tribunaux ordinaires; et c'est assurément par pure inadvertance que le § 1er de notre article se borne à mentionner, comme devant être portées devant ces tribunaux, les contestations ayant trait à la résiliation des baux *par l'effet de la force majeure.* Ces derniers mots devaient être supprimés et la rédaction du paragraphe ainsi conçue : « Les contestations relatives à la résiliation des baux seront portées devant les tribunaux ordinaires. »

III. — Quand les jurys auront le droit de statuer sur la résiliation des baux, il est bien entendu que leurs pouvoirs seront les mêmes que pour les contestations relatives aux loyers. En d'autres termes, ils statueront « sommairement, comme amiables compositeurs, d'une manière définitive et sans appel, et les parties ne pourront se pourvoir en cassation que pour imcompétence ou excès de pouvoirs. »

Art. 10 § 2. — Les locataires qui n'auront pas réclamé le bénéfice de la présente loi avant le 1er juillet 1871, par une déclaration au greffe de la justice de paix de leur arrondissement ou de leur canton, seront tenus au payement total de leurs loyers.

SOMMAIRE.

I. Des formalités qui doivent être accomplies par les propriétaires et les locataires, avant le 1er juillet 1871. Les déclarations des locataires peuvent avoir lieu par lettre.

II. La nécessité de la déclaration s'applique-t-elle indistinctement à tous les locataires?

III. Le locataire qui n'a pas fait la déclaration à laquelle il était tenu, peut-il encore réclamer des jurys et en obtenir des délais pour le paiement de ses loyers?

I. — L'article 10 se compose de deux paragraphes qui, l'un Art. 10. et l'autre fixent aux propriétaires et locataires un délai de rigueur, celui du 1er juillet 1871, pour accomplir certaines formalités dont l'inobservation, dans le délai voulu, les priverait du bénéfice de la loi, ou du moins de quelques unes de ses dispositions.

Le § 2 concerne *les propriétaires*; nous l'avons expliqué sous les paragraphes 1 et 9 de l'article 8, auxquels nous renvoyons nos lecteurs.

Le § 1er est relatif *aux locataires*, et les prescriptions qu'il impose sont trop importantes, surtout à cause de la brièveté du délai, pour ne pas appeler toute leur attention (1). Il les oblige, *sous peine d'être tenus au paiement total de leurs loyers*, de déclarer avant le 1er juillet 1871, au greffe de la justice de paix de leur arrondissement ou de leur canton, qu'ils réclament le bénéfice de la présente loi.

Notons d'abord que la loi ne fixant aucun mode de déclara-

---

(1) On peut voir, par l'affluence de la foule qui se presse aux portes de la plupart des mairies, que la population parisienne a compris l'importance des dispositions de l'article 10.

tior, celle qui serait faite et envoyée par lettre devrait, suivant nous, être réputée bonne et valable. En effet, beaucoup de locataires peuvent, par un motif quelconque, être empêchés de se présenter au greffe de la justice de paix, et leur intention de profiter du bénéfice de la loi sera aussi bien manifestée par leur signature apposée sur une lettre que sur un registre, sauf au signataire à justifier ultérieurement, s'il y a lieu, de la sincérité de la signature.

II. — Mais l'obligation de faire une déclaration s'applique-t-elle indistinctement à tous les locataires qui entendent profiter du bénéfice de la loi ? Nous répondrons : non. Puisqu'en effet *la conséquence de la non-déclaration est d'être tenu du paiement total de ses loyers*, il est évident que, *tout locataire qui*, d'après les dispositions de notre loi, *n'a aucune réduction ou diminution de loyers à prétendre*, qui, autrement dit, sera tenu, en tout état de cause, du paiement total de ses loyers, *et n'aura jamais que des délais de paiement à réclamer et à attendre des jurys*, n'a aucune déclaration à faire. Or, pour connaître *les locataires qui peuvent ou non prétendre à des réductions de loyers*, il faut se reporter à notre commentaire de l'art. 5, sous lequel on trouvera toutes le explications nécessaires.

Seulement tous les locataires, sans distinction aucune, qui peuvent éventuellement prétendre à une réduction doivent faire leur déclaration, et cela quel que soit le prix du loyer, la durée du bail, qu'il soit verbal ou par écrit authentique ou sous signature privée, qu'il ait été fait au mois, au jour ou à l'année.

Il faut bien remarquer aussi qu'en conformité de nos explications précédentes, les principaux locataires et leurs sous-locataires qui se trouvent dans la catégorie des prétendant-droit à la réduction du loyer doivent également faire leur déclaration avant le 1er juillet 1871.

III. — Mais si l'absence de déclaration avant le 1er juillet 1871 oblige les locataires qui auraient pu réclamer des diminutions à payer tous leurs loyers d'octobre 1870, janvier et avril 1871 , les prive-t-elle aussi du droit de demander aux jurys spéciaux des délais pour le paiement de ces loyers ? Non , suivant nous, car rien n'autorise à étendre le texte de la loi , et en pareil cas, il est juste de l'interpréter en faveur du débiteur. L'article 5 confère aux jurys deux droits , l'un de prononcer, dans certains cas , des réductions sur les loyers et l'autre d'accorder des délais. L'article 9 punit le locataire en défaut de déclaration par la perte du premier de ces droits , mais le second subsiste et il peut en réclamer le bénéfice.

Art. 11. — Les actes de procédure et les sentences auxquelles donnera lieu l'exécution de la présente loi seront visés pour timbre et enregistrés gratis.

SOMMAIRE.

I.   Les dispositions de l'article 11 doivent s'appliquer à tous les actes de procédure , ainsi qu'à toutes productions ou énonciations de pièces faits pour provoquer les sentences et en assurer l'exécution.

I. — En dispensant les sentences des jurys des droits d'en- Art. 11.
registrement, il nous paraît hors de doute que la loi a entendu affranchir de ces droits non-seulement les sentences elles-mêmes, mais toutes leurs dispositions et entr'autres toutes énonciations de baux qu'elles contiendraient. Ce serait , en effet, mal reconnaître l'esprit de la loi dont le but est de venir en aide aux locataires malheureux que d'obliger ces derniers, pour en avoir le bénéfice, à payer des droits de bail quelquefois importants. Ne serait-ce pas , pour ainsi dire, donner d'une main et reprendre de l'autre ?

Quant aux mots « actes de procédure », ils doivent évidemment, par les mêmes raisons, être entendus dans leur sens le plus large. Ainsi tous les actes *tendant à l'exécution des sentences* qui forment la suite et sont la conséquence des décisions des jurys rentrent à coup sûr dans la qualification de la loi.

Toutes les pièces qui pourront être à produire pour arriver au réglement de l'indemnité à toucher, s'il y a lieu, du département et de l'État, en éxécution de l'article 8, devront aussi, selon nous, être considérées comme pièces extra-judiciaires et assimilées aux actes de procédure.

En un mot; toutes les pièces dont la production ou l'énonciation seront nécessaires pour servir à appliquer la loi du 21 avril, de même que tous les actes de procédure destinés à provoquer les sentences et à en assurer l'exécution, doivent, à notre avis, bénéficier des dispositions de l'article 11, à la condition toutefois de mentionner expressément l'objet spéctal auquel elles sont destinées.

TABLE DES MATIÈRES.

Articles 1 et 2.

Articles 3 et 4.

Articles 5 et 6.

Article 7.

Articles 8, et 10 § 2.

Article 9.

Article 10, § 1er.

Article 11.

Beauvais. — Typ D. PÈRE, imprimeur du *Moniteur de la Propriété*.